풀어서 배우는
술술한자

지은이 – 박두수

한학자 집안에서 태어나 어려서부터 부친께 한학을 배웠고, 부형의 권유에 따라 가업을 잇는다는 정신으로 한문교육과를 나와 학생들을 지도하고 있습니다.

한자 때문에 울고 있는 여학생을 보고, 한학을 배우면서 힘들었던 자신의 어린 시절이 생각나 어떻게 하면 어려운 한자를 쉽고 재미있게 가르칠 수 있을까를 연구하였습니다.

한자를 연구하여 새로 부수를 개발하고 뜻과 음을 정리한 후 한자의 자원을 풀이하여 자신의 학습법으로 한자를 가르치면서 뜨거운 호응을 얻고 있습니다.

저서로 《한자 암기박사 4급 휘어잡기》 《한자 암기박사 3급 휘어잡기》 《한자 암기박사 2》 《암기박사식 한자능시 8~1급》 《족보와 해설이 있는 한자능시 기출·적중 문제집 3급》 등이 있습니다.

• 이메일 : dshanja@naver.com   • 휴대폰 : 010-5052-5321

한국어문회 주관 ｜ 한국한자능력검정회 시행

한자능력
검정시험 **4 II**

풀어서 배우는

술술 한자

박두수 지음

5 초등
학년용

중앙에듀북스

안녕하세요? 박두수입니다

❗ **한자 학습 왜 해야 될까요?**
- 한자는 세계 인구의 26%가 사용하는 동양권의 대표문자입니다.
- 우리말의 70% 이상을 차지하고 있는 것이 한자어입니다.

❗ **한자를 잘하면 왜 공부를 잘하게 될까요?**
- 한자는 풍부한 언어 문자 생활과 다른 과목의 학습을 도와주는 역할을 합니다.
- 중학교 1학년 기본 10개 교과목에 2,122자의 한자로 약 14만 번의 한자어가 출현합니다.
- 한자표기를 통한 학습에서 43%가 학업성적이 향상되었습니다.

❗ **쓰기 및 암기 위주의 한자 학습 이제 바뀌어야 합니다.**
- 한자는 뜻을 나타내는 표의자로 각 글자마다 만들어진 유래가 있습니다.
- 한자는 만들어진 유래를 생각하며 학습하면 쉽게 익힐 수 있습니다.
- 한자는 단어 위주로 뜻을 알고 그 단어가 쓰인 예문과 함께 학습해야 합니다.

❗ **올바른 한자 학습을 위해서는 부수를 제대로 알아야 합니다.**
- 부수는 한자를 이루는 최소 단위입니다.
  ① 日(해) + 一(지평선) = 旦(아침 단)　해가 지평선 위로 떠오를 때는 아침이니
  ② 口(울타리) + 人(사람) = 囚(가둘 수)　울타리 안에 죄지은 사람을 가두니
  ③ 自(코) + 犬(개) = 臭(냄새 취)　코로 개가 냄새 맡으니
- 어때요? 一(한 일)은 지평선, 口(에울 위)는 울타리, 自(스스로 자)가 코를 뜻하는 것을 알아야 되겠지요.

❗ 이 시리즈의 구성 및 특색

- 이 시리즈는 부수, 8급, 7급, 6급(6급Ⅱ 포함), 5급, 4급Ⅱ, 4급, 3급Ⅱ, 3급, 2급, 1급으로 구성되어 있습니다.
- 먼저 부수를 정확히 익힌 후 급수 순서대로 학습하세요.
- 모양이 비슷하여 구별이 힘든 부수자는 동일 글자로 엮고, 잘 쓰이지 않는 부수자는 제외하였습니다.
- 부수는 일반적인 뜻과 변형 외에 연구 발전시켜 다른 뜻과 변형을 개발하여 활용하도록 하였습니다.

"선생님! 해도 해도 안 돼요. 한자가 너무 어려워요."
하면서 울먹이던 어린 여학생의 안타까운 눈망울을 보며 '어떻게 하면 한자를 쉽게 익힐 수 있을까' 오랜 시간 기도하며 연구했습니다. 누구나 한자와 보다 쉽게 친해지게 하려는 열정만으로 쓴 책이라 부족함이 많습니다. 한자의 자원을 정확히 알기는 어렵습니다. 아직 4% 정도만 자원을 제대로 유추할 수 있다고 합니다. 다양한 또 다른 자원이 가능하다는 뜻이죠.
부디 이 책이 한자와 친해지는 계기가 되고 여러분께 많은 도움이 되기를 진심으로 기도합니다.

오랫동안 한자를 지도해 주시거나 주야로 기도해 주신 분들과 책이 출간될 수 있도록 도움을 주신 모든 분들께 진심으로 사랑과 감사의 말씀드립니다.

박두수 올림

한자를 쉽게 익히는 법

1 한자는 무조건 쓰고 외우지 마세요.

　－ 한자는 뜻을 나타내는 표의자입니다. 각 글자마다 만들어진 유래가 있다는 것이지요.
　　　예시 鳴(울 명) : 입(口)으로 새(鳥)는 울까요? 짖을까요? 울지요! 그래서 울 명
　　　　　吠(짖을 폐) : 입(口)으로 개(犬)는 짖을까요? 울까요? 짖지요! 그래서 짖을 폐

　－ 한자는 모양이 비슷한 글자가 매우 많아서 익히기에 힘듭니다.
　　　예시 閣(집 각)　間(사이 간)　開(열 개)　聞(들을 문)　問(물을 문)　閉(닫을 폐)　閑(한가할 한)
　　　이처럼 한자는 그 모양이 비슷비슷한 것들이 너무 많기 때문에 무조건 쓰고 외우는 데는 한계가
　　　있습니다.

2 그럼 어떻게 한자를 공부해야 쉽게 익힐 수 있을까요?

　－ 먼저 글자를 나누어 보세요. 그 다음 왜 이런 글자들이 모여서 이런 뜻을 나타내는 한자가
　　되었는지 생각해 보세요.
　　　예시 休(쉴 휴) = 亻(사람 인) + 木(나무 목)
　　왜 亻(사람 인)과 木(나무 목)이 모여서 休(쉴 휴)가 되었을까요? 사람(亻)이 햇빛을 피해
　　나무(木) 밑에서 또는 기대어 쉬었겠지요. 그래서 쉴 휴

3 쓰는 순서를 무시한 자원 풀이 도움이 될까요? 안 될까요?

　－ 다음을 비교해 보세요.
　　　예시 明(밝을 명)의 쓰는 순서는 日(해 일)을 먼저 쓰고 月(달 월)을 나중에 쓰지요.
　　① 해(日)와 달(月)이 비추면 밝지요. － (○) 쓰는 순서에 따른 자원 풀이
　　② 달(月)과 해(日)가 비추면 밝지요. － (✕) 쓰는 순서를 무시한 자원 풀이
　　어때요? 쓰는 순서를 무시한 자원 풀이는 한자를 쓰면서 익힐 때 문제가 되겠지요.

4 한자를 익힌 다음은 그 글자가 쓰인 단어와 뜻까지 익히세요.

　　　예시 明月(명월) : 밝은 달
　　　　　明日(명일) : 밝은 날이란 뜻으로 내일을 이르는 말

5 그 다음 그 단어가 쓰인 예문을 통해서 어휘를 익히세요.

　　　예시 졸업식이 **明日** 오전 10시에 시작되니 꼭 참석해 주시기 바랍니다.

6 모양이 비슷한 글자끼리 연관 지어 익히세요.

　　　예시

門	+	耳	=	聞(들을 문)	문(門)에 귀(耳)를 대고 들으니
	+	口	=	問(물을 문)	문(門)에 대고 입(口) 벌려 물으니

그래서 이렇게 만들었어요

1 모든 한자를 가능한 한 자원으로 풀이했습니다.

예시 生(날 생, 살 생)의 풀이

- '초목이 땅에 나서 자라는 모양' 지금까지 대부분의 풀이는 이렇죠. 하지만 이 책은
- '사람(ㅅ)은 땅(土)에서 나 살아가니' 그래서 '날 생, 살 생' 이렇게 나누어 자원으로 풀이했습니다.
  어때요? 더 이해가 쉽지요?

2 한자 자원 풀이를 알기 쉽게 했습니다.

- 자원 풀이용 한자교재가 많지만 대부분 너무 학술적이어서 이해하기가 어렵습니다.
- 이 책은 한자를 지도하면서 얻은 학습자의 눈높이로 자원을 쉽게 풀이했습니다.

  예시 族(겨레 족)의 풀이

- '깃발(⻊) 아래 화살(矢)을 들고 모여 겨레를 이루니' 대부분의 풀이는 이렇죠. 하지만 이 책은
- '사방(方)에서 사람(ㅅ)과 사람(ㅅ)들이 모여 큰(大) 겨레를 이루니' 그래서 '겨레 족' 이렇게
  글자를 최대한 나누어 쉽게 풀이했습니다.

3 모든 한자를 쓰는 순서대로 자원을 풀이했습니다.

- 쓰는 순서를 무시한 자원 풀이는 활용하기가 어렵습니다.

  예시 囚(가둘 수) = 울타리(口) 안에 죄지은 사람(人)을 가두니

4 자원 풀이와 한자 쓰기가 한곳에 있어 학습에 용이합니다.

- 자원 풀이 밑에 곧바로 쓰는 빈칸이 있어 자원을 보고 한자를 쓰면서 익힐 수 있습니다.

5 철저히 자원 풀이에 입각한 학습을 하도록 구성하였습니다.

- 대부분의 책들이 자원 풀이를 하고 있지만, 글자에 대한 설명으로 끝나고 더 이상 자원을 활용한
  학습방법을 제공하지 못해 학습자들이 결국은 자원을 무시한 채 무조건 쓰면서 익힙니다.
- 이 책은 자원을 보며 한자를 쓸 수 있도록 본문을 구성했으며, 연습과 평가 부분도 자원을 생각하며
  한자를 익힐 수 있게 구성했습니다.

6 배운 한자를 활용한 단어학습과 예문으로 어휘력을 길러줍니다.

- 배운 글자로만 단어를 구성하여 학습하기가 쉽습니다.
- 모든 단어는 한자를 활용하여 직역 위주로 풀이하였습니다.
- 예문을 통하여 단어를 익힐 수 있도록 모든 단어는 예문을 실었습니다.

  예시 父子(부자) : 아버지와 아들   ☞ 옆집 父子는 휴일마다 함께 등산을 한다.

7 학교 교과서에 자주 나오는 어휘를 분석하여 실었습니다.

- 교과서에 자주 나오는 어휘의 뜻을 한자를 통해 익힐 수 있습니다.

한자능력검정시험에 대하여

● 한자능력검정시험은 사단법인 한국어문회에서 주관하고 한국한자능력검정회가 시행하는 한자 활용능력 검정시험을 말합니다. 1992년 12월에 1회 시험이 시행되었고, 2001년 5월에 시행된 제18회 시험부터 국가공인 자격시험(3급Ⅱ~1급)으로 지정되었습니다.

● 한자능력검정시험은 교육급수(8급~4급)와 공인급수(3Ⅱ~1급)로 나뉘어 연간 4회 실시되며 8급~1급은 재학여부, 학력, 소속, 연령 등에 상관없이 원하는 급수에 응시할 수 있습니다. 공인급수 획득의 경우 국가자격 취득자와 동등한 대우 및 혜택을 받으며, 학교 생활기록부에 등재, 입시에 활용되고 기업체 입사 및 승진 고과에 반영됩니다.

● 현재 한국어문회를 포함해 7개의 공인된 단체가 각기 나름의 특성을 지닌 한자검정시험을 연간 수차례씩 실시하고 있으며, 본 중앙에듀북스의 한자급수 시리즈는 한국어문회가 주관하는 시험을 기준으로 삼았습니다.

 # 합격을 위한 한자능력검정시험 안내

	급 수	읽 기	쓰 기	수준 및 출제·합격기준	주요대상
	8급	50	없음	• 유치원생, 초등학생의 한자 학습 동기 부여를 위한 급수 • 독음[24] 훈음[24] 필순[2] • 출제문항 : 50 → 합격문항 : 35	초등 1학년
교 육 급 수	7급	150	없음	• 한자 학습의 첫걸음을 내딛는 사람을 위한 급수 • 독음[32] 훈음[30] 완성형[2] 반의어[2] 뜻풀이[2] 필순[2] • 출제문항 : 70 → 합격문항 : 49	초등 2학년
	6급Ⅱ	300	50	• 준6급이라 하며, 한자 쓰기의 기본 원리를 익히는 급수 • 독음[32] 한자 쓰기[10] 훈음[29] 완성형[2] 반의어[2] 뜻풀이[2] 필순[3] • 출제문항 : 80 → 합격문항 : 56	초등 3학년
	6급	300	150	• 기초 한자 쓰기를 시작하는 급수 • 독음[33] 한자 쓰기[20] 훈음[22] 완성형[3] 반의어[3] 뜻풀이[2] 동음이의어[2] 동의어[2] 필순[3] • 출제문항 : 90 → 합격문항 : 63	초등 3학년

급수		읽기	쓰기	수준 및 출제·합격기준	주요대상
교육급수	5급	500	300	• 학습용 한자를 본격 쓰기 시작하는 급수 • 독음[35] 한자 쓰기[20] 훈음[23] 완성형[4] 반의어[3] 뜻풀이[3] 동음이의어[3] 동의어[3] 약자[3] 필순[3] • 출제문항 : 100 → 합격문항 : 70	초등 4학년
	4급 II	750	400	• 준4급이라 하며, 5급과 4급의 격차를 완화하기 위한 급수 • 독음[35] 한자 쓰기[20] 훈음[22] 완성형[5] 반의어[3] 뜻풀이[3] 동음이의어[3] 부수[3] 동의어[3] 약자[3] • 출제문항 : 100 → 합격문항 : 70	초등 5학년
	4급	1,000	500	• 초급에서 중급으로 올라가는 급수 • 독음[32] 한자 쓰기[20] 훈음[22] 완성형[5] 반의어[3] 뜻풀이[3] 동음이의어[3] 부수[3] 동의어[3] 장단음[3] 약자[3] • 출제문항 : 100 → 합격문항 : 70	초등 6학년
공인급수	3급 II	1,500	750	• 준3급이라 하며, 4급과 3급의 격차를 완화하기 위한 급수 • 독음[45] 한자 쓰기[30] 훈음[27] 완성형[10] 반의어[10] 뜻풀이[5] 동음이의어[5] 부수[5] 동의어[5] 장단음[5] 약자[3] • 출제문항 : 150 → 합격문항 : 105	중학생
	3급	1,817	1,000	• 신문 또는 일반 한자 교양어를 읽을 수 있는 수준 • 독음[45] 한자 쓰기[30] 훈음[27] 완성형[10] 반의어[10] 뜻풀이[5] 동음이의어[5] 부수[5] 동의어[5] 장단음[5] 약자[3] • 출제문항 : 150 → 합격문항 : 105	고등학생
	2급	2,355	1,817	• 일상 한자어를 구사할 수 있는 수준 • 독음[45] 한자 쓰기[30] 훈음[27] 완성형[10] 반의어[10] 뜻풀이[5] 동음이의어[5] 부수[5] 동의어[5] 장단음[5] 약자[3] • 출제문항 : 150 → 합격문항 : 105	대학생 일반인
	1급	3,500	2,005	• 국한문 혼용 고전을 불편 없이 읽고, 연구할 수 있는 수준 • 독음[50] 한자 쓰기[40] 훈음[32] 완성형[15] 반의어[10] 뜻풀이[10] 동음이의어[10] 부수[10] 동의어[10] 장단음[10] 약자[3] • 출제문항 : 200 → 합격문항 : 160	전문가 교양인

● 출제 기준표는 기본 지침 자료로서 출제자의 의도에 따라 차이가 있을 수 있습니다.

● 기 타

시험 일정, 접수 방법, 응시료, 합격자 발표 등 한자능력검정시험에 대한 보다 구체적인 사항은 〈한국어문회〉 홈페이지 (www.hanja.re.kr)에서 확인할 수 있습니다.

이 책은 이렇게 학습하세요

1 해당 급수 신습한자를 50자씩 가나다순으로 배열하여 한눈에 익히도록 하였습니다.

- 본문 학습 후 먼저 뜻과 음 부분을 가린 후 읽기를 점검하세요.
- 한자의 뜻과 음을 익히고 나면 한자 부분을 가린 후 쓰기를 점검하세요.

❶8 : 한자능력검정시험 급수 표시

❷ **1** **2** : 첫 번째 점검 후 틀린 글자는 번호 **1** 란에 표시를 하여 완전히 익히도록 하고, 두 번째
점검은 번호 **1** 란에 표시된 글자만 하고, 틀린 글자는 번호 **2** 란에 표시를 하여 완전히
익히도록 합니다. 다음 학습시에는 표시된 글자 위주로 읽기, 쓰기를 합니다.

❸校 : 신습한자 ❹木 : 부수 ❺학교 : 뜻 ❻교 : 음

2 1회 학습량은 10자 단위로 구성하였습니다.

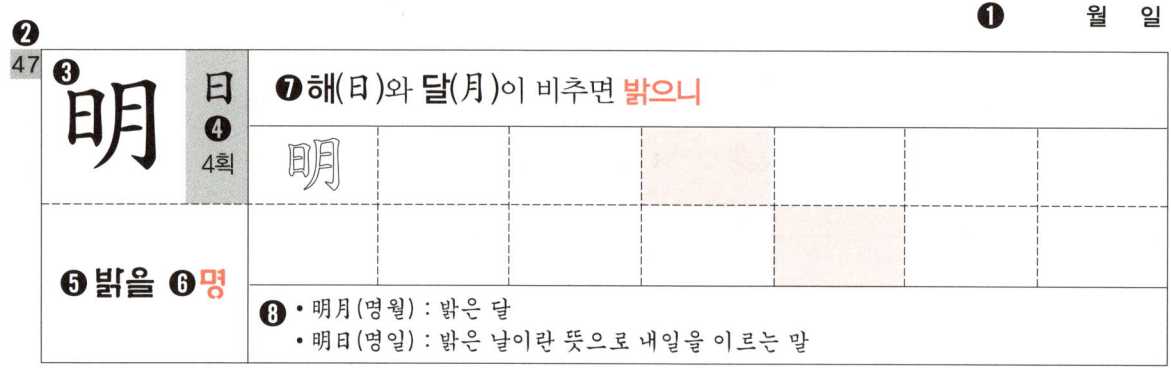

❶ 월 일 : 학습한 월 일을 기록하여 체계적으로 공부하세요.

❷ 47 : 신습한자 번호

❸ 明 : 신습한자

❹ 日 : 부수와 부수를 제외한 획수
  4획

❺ 밝을 : 뜻

❻ 명 : 음

❼ **해(日)와 달(月)이 비추면 밝으니** : 글자를 나누어 필순대로 풀이했습니다.

➡ 한자는 무조건 쓰고 외우기보다는 '日(해 일)과 月(달 월)'이 모여 왜 **明**(밝을 명)이 되었는지 자원을 완전히 이해한 후 읽으면서 써야 오래 기억됩니다.

❽ **明日**(명일) : 배운 글자로만 단어를 구성하였으며 직역 위주로 풀이를 하였습니다.

3 자원으로 한자와 부수를 익히는 부분입니다.

┌─ 자원으로 한자 알기 ──────────────────────────────┐

✻ 해(日)와 달(月)이 비추면 밝으니   ☞ 明

✻ 문(門)에 귀(   )를 대고 들으니   ☞

✻ 문(門)에 대고 입(   ) 벌려 물으니   ☞

✻ 사람(   )이 나무(木)에 기대어 쉬니   ☞

└──┘

(   ) 안에 들어가는 日(해 일)이 明(밝을 명)의 부수입니다.

(   ) 안에 부수 日을 쓰고 ☞ 오른쪽에 한자 明을 쓰세요.

예시 해(日)와 달(月)이 비추면 밝으니   ☞ 明

4 심화 학습하는 부분입니다.

一思多得 ───────────────────────────────

5. 車(수레 거, 차 차) 음에 주의하세요.

사람의 힘으로 움직이는 것은............................**수레 거**

　人力車(인력거) : 사람의 힘으로 끄는 수레

사람의 힘을 이용하지 않고 동력을 이용하는 것은 ....**차 차**

　自動車(자동차) : 원동기를 장치하여 그 동력으로 바퀴를 굴려서 움직이는 차

5 문제와 해답

다양한 형식의 문제들에 대한 해답은 해당 문제의 앞뒤 페이지나 위아래에 위치한 반대 유형의 문제를 참고하시면 됩니다.

차 례

본문 익히기 13

➕ 4급Ⅱ 신습한자 일람표
➕ 자원으로 한자 알기
➕ 한자를 나누고 자원을 쓰면서 익히기
➕ 한자어 독음 및 한자 쓰기
➕ 예문으로 어휘 익히기

종합평가 189

➕ 4급Ⅱ 한자 훈음 및 한자 쓰기
➕ 배우고 익히기
➕ 교과서 주요 어휘 익히기

부 록 205

➕ 반대자
➕ 반의어
➕ 유의자
➕ 동음이의어
➕ 사자성어
➕ 약자

본문 익히기

읽기 1	읽기 2	한자	부수	뜻	음	쓰기 1	쓰기 2
		街	行	거리	가		
		假	亻	거짓	가		
		減	氵	덜	감		
		監	皿	살필	감		
		康	广	편안할	강		
		講	言	강론할	강		
		個	亻	낱	개		
		檢	木	검사할	검		
		缺	缶	이지러질	결		
		潔	氵	깨끗할	결		
		警	言	깨우칠	경		
		境	土	지경	경		
		經	糸	글	경		
		慶	心	경사	경		
		係	亻	맬	계		
		故	攵	연고	고		
		官	宀	벼슬	관		
		究	穴	연구할	구		
		句	口	글귀	구		
		求	水	구할	구		
		宮	宀	궁궐	궁		
		權	木	권세	권		
		極	木	끝	극		
		禁	示	금할	금		
		器	口	그릇	기		

읽기 1	읽기 2	한자	부수	뜻	음	쓰기 1	쓰기 2
		起	走	일어날	기		
		暖	日	따뜻할	난		
		難	隹	어려울	난		
		努	力	힘쓸	노		
		怒	心	성낼	노		
		單	口	홑	단		
		檀	木	박달나무	단		
		端	立	끝	단		
		斷	斤	끊을	단		
		達	辶	이를	달		
		擔	扌	멜	담		
		黨	黑	무리	당		
		帶	巾	띠	대		
		隊	阝	무리	대		
		導	寸	인도할	도		
		毒	毋	독할	독		
		督	目	감독할	독		
		銅	金	구리	동		
		斗	斗	말	두		
		豆	豆	콩	두		
		得	彳	얻을	득		
		燈	火	등	등		
		羅	四	벌일	라		
		兩	入	두	량		
		麗	鹿	고울	려		

읽기 1	읽기 2	한자	부수	뜻	음	쓰기 1	쓰기 2	읽기 1	읽기 2	한자	부수	뜻	음	쓰기 1	쓰기 2
		連	辶	이을	련					邊	辶	가	변		
		列	刂	벌일	렬					保	亻	지킬	보		
		錄	金	기록할	록					報	土	알릴	보		
		論	言	논할	론					寶	宀	보배	보		
		留	田	머무를	류					步	止	걸음	보		
		律	彳	법칙	률					復	彳	다시	부		
		滿	氵	찰	만					府	广	관청	부		
		脈	月	혈관	맥					副	刂	버금	부		
		毛	毛	털	모					富	宀	부자	부		
		牧	牛	기를	목					婦	女	아내	부		
		務	力	힘쓸	무					佛	亻	부처	불		
		武	止	군사	무					備	亻	갖출	비		
		未	木	아닐	미					非	非	아닐	비		
		味	口	맛	미					悲	心	슬플	비		
		密	宀	빽빽할	밀					飛	飛	날	비		
		博	十	넓을	박					貧	貝	가난할	빈		
		防	阝	막을	방					寺	寸	절	사		
		訪	言	찾을	방					謝	言	사례할	사		
		房	戶	방	방					師	巾	스승	사		
		拜	手	절	배					舍	舌	집	사		
		背	月	등	배					殺	殳	죽일	살		
		配	酉	나눌	배					常	巾	항상	상		
		伐	亻	칠	벌					床	广	평상	상		
		罰	四	벌할	벌					想	心	생각	상		
		壁	土	벽	벽					狀	犬	형상	상		

읽기		한자	부수	뜻	음	쓰기	
1	2					1	2
		設	言	베풀	설		
		誠	言	정성	성		
		城	土	성	성		
		盛	皿	성할	성		
		星	日	별	성		
		聖	耳	성인	성		
		聲	耳	소리	성		
		勢	力	형세	세		
		稅	禾	세금	세		
		細	糸	가늘	세		
		掃	扌	쓸	소		
		笑	竹	웃음	소		
		素	糸	본디	소		
		俗	亻	풍속	속		
		續	糸	이을	속		
		送	辶	보낼	송		
		修	亻	닦을	수		
		守	宀	지킬	수		
		受	又	받을	수		
		授	扌	줄	수		
		收	攵	거둘	수		
		純	糸	순수할	순		
		承	手	이을	승		
		施	方	베풀	시		
		是	日	옳을	시		

읽기		한자	부수	뜻	음	쓰기	
1	2					1	2
		視	見	살필	시		
		試	言	시험	시		
		詩	言	시	시		
		息	心	쉴	식		
		申	田	펼	신		
		深	氵	깊을	심		
		眼	目	눈	안		
		暗	日	어두울	암		
		壓	土	누를	압		
		液	氵	즙	액		
		羊	羊	양	양		
		餘	食	남을	여		
		如	女	같을	여		
		逆	辶	거스를	역		
		研	石	갈	연		
		演	氵	펼	연		
		煙	火	연기	연		
		榮	木	영화	영		
		藝	艹	재주	예		
		誤	言	그르칠	오		
		玉	玉	구슬	옥		
		往	彳	갈	왕		
		謠	言	노래	요		
		容	宀	얼굴	용		
		員	口	관원	원		

읽기		한자	부수	뜻	음	쓰기	
1	2					1	2
		圓	口	둥글	원		
		衛	行	지킬	위		
		爲	爪	할	위		
		肉	肉	고기	육		
		恩	心	은혜	은		
		陰	阝	그늘	음		
		應	心	응할	응		
		義	羊	옳을	의		
		議	言	의논할	의		
		移	禾	옮길	이		
		益	皿	더할	익		
		認	言	알	인		
		印	卩	도장	인		
		引	弓	끌	인		
		將	寸	장수	장		
		障	阝	막을	장		
		低	亻	낮을	저		
		敵	攵	대적할	적		
		田	田	밭	전		
		絶	糸	끊을	절		
		接	扌	이을	접		
		程	禾	한도	정		
		政	攵	정사	정		
		精	米	깨끗할	정		
		制	刂	절제할	제		

읽기		한자	부수	뜻	음	쓰기	
1	2					1	2
		製	衣	지을	제		
		濟	氵	건널	제		
		提	扌	드러낼	제		
		祭	示	제사	제		
		際	阝	사귈	제		
		除	阝	덜	제		
		助	力	도울	조		
		早	日	이를	조		
		造	辶	지을	조		
		鳥	鳥	새	조		
		尊	寸	높을	존		
		宗	宀	마루	종		
		走	走	달릴	주		
		竹	竹	대	죽		
		準	氵	평평할	준		
		衆	血	무리	중		
		增	土	더할	증		
		指	扌	가리킬	지		
		志	心	뜻	지		
		支	支	가를	지		
		至	至	이를	지		
		職	耳	직분	직		
		進	辶	나아갈	진		
		眞	目	참	진		
		次	欠	다음	차		

읽기 1	읽기 2	한자	부수	뜻	음	쓰기 1	쓰기 2
		察	宀	살필	찰		
		創	刂	시작할	창		
		處	虍	곳	처		
		請	言	청할	청		
		總	糸	다	총		
		銃	金	총	총		
		蓄	艹	모을	축		
		築	竹	쌓을	축		
		忠	心	충성	충		
		蟲	虫	벌레	충		
		取	又	가질	취		
		測	氵	헤아릴	측		
		置	罒	둘	치		
		治	氵	다스릴	치		
		齒	齒	이	치		
		侵	亻	침노할	침		
		快	忄	시원할	쾌		
		態	心	모습	태		
		統	糸	합칠	통		
		退	辶	물러날	퇴		
		波	氵	물결	파		
		破	石	깨뜨릴	파		
		包	勹	쌀	포		
		砲	石	대포	포		
		布	巾	펼	포		

읽기 1	읽기 2	한자	부수	뜻	음	쓰기 1	쓰기 2
		暴	日	사나울	폭		
		票	示	표	표		
		豊	豆	풍성할	풍		
		限	阝	한정	한		
		航	舟	건널	항		
		港	氵	항구	항		
		解	角	풀	해		
		鄕	阝	시골	향		
		香	香	향기	향		
		虛	虍	빌	허		
		驗	馬	시험	험		
		賢	貝	어질	현		
		血	血	피	혈		
		協	十	도울	협		
		惠	心	은혜	혜		
		呼	口	부를	호		
		好	女	좋을	호		
		戶	戶	집	호		
		護	言	보호할	호		
		貨	貝	재물	화		
		確	石	확실할	확		
		回	囗	돌	회		
		吸	口	마실	흡		
		興	臼	일	흥		
		希	巾	바랄	희		

1	街	行	다닐(行) 수 있도록 흙(土)과 흙(土)을 쌓아 만든 거리						
		6획	街						
	거리	가	• 街道(가도) : 큰 길거리 • 商街(상가) : 가게가 많은 거리						

2	假	亻	사람(亻)이 빌려(叚)서 거짓으로 꾸미니						
		9획	假						
	거짓	가	*叚(빌릴 가) : 지붕(尸)을 두(二) 번이나 장인(ㄱ)의 손(又)을 빌려 고치니 • 假名(가명) : 가짜 이름						

3	減	氵	물(氵)을 다(咸) 덜어 없애니						
		9획	減						
	덜	감	• 減産(감산) : 생산을 줄임 • 減少(감소) : 양이나 수치를 줄임						

4	監	皿	신하(臣)된 사람(人)이 하나(一)의 그릇(皿)을 살피니						
		9획	監						
	살필	감	• 監査(감사) : 감독하고 검사함 • 監理(감리) : 감독하고 관리함						

자원으로 한자 알기

* 다닐(行) 수 있도록 흙(土)과 흙(土)을 쌓아 만든 거리　　　　　☞ 街

* 사람(　　)이 빌려(叚)서 거짓으로 꾸미니　　　　　☞

* 물(　　)을 다(咸) 덜어 없애니　　　　　☞

* 신하(臣)된 사람(人)이 하나(一)의 그릇(　　)을 살피니　　　　　☞

5	康	广	일을 끝내고 **큰집(广)**에서 **손(彐)**을 **물(氺)**에 씻고 **편안하게** 지내니
		8획	康
	편안할	강	• 小康(소강) : 소란하던 형세가 조금 안정됨 • 健康(건강) : 아무 탈 없이 건강하고 편안함

6	講	言	**말(言)**로 **우물(井)** 파는 법을 **거듭(再) 강의하니**
		10획	講
	강론할	강	• 講士(강사) : 강의를 하는 사람 • 講堂(강당) : 강의를 할 때에 쓰는 큰 방

7	個	亻	**사람(亻)**이나 **굳은(固)** 것은 **낱개**로 세니
		8획	個
	낱	개	• 個性(개성) : 개인성 • 個別(개별) : 낱낱이 따로 나눔

8	檢	木	**나무(木)**를 **다(僉) 검사하니**
		13획	檢
	검사할	검	*僉(다 첨) : 사람(人)들이 하나(一)같이 입(口)과 입(口)으로 사람(人)들에게 다 말하니 • 檢査(검사) : 실제의 상황을 잘 살피고 조사함

자원으로 한자 알기

* 일을 끝내고 큰집(   )에서 손(彐)을 물(氺)에 씻고 **편안하게** 지내니 ☞

* 말(   )로 우물(井) 파는 법을 거듭(再) **강의하니** ☞

* 사람(   )이나 굳은(固) 것은 **낱개**로 세니 ☞

* 나무(   )를 다(僉) **검사하니** ☞

9 缺	缶 4획	장군(缶)이 터져(夬) 이지러지고 내용물이 빠지니
		缺						
이지러질 빠질 결		• 缺食(결식) : 끼니를 거름 • 缺席(결석) : 자리에 빠짐

10 潔	氵 12획	물(氵)에 세(三) 번이나 송곳(丨)과 칼(刀)과 실(糸)을 씻어 깨끗하니
		潔						
깨끗할 결		• 潔白(결백) : 깨끗함 • 淸潔(청결) : 맑고 깨끗함

자원으로 한자 알기

* 장군(   )이 터져(夬) 이지러지고 내용물이 빠지니   ☞

* 물(   )에 세(三) 번이나 송곳(丨)과 칼(刀)과 실(糸)을 씻어 깨끗하니   ☞

一思多得

| 行 | + | 朮 | = | 術(재주 술) | 다니며(行) 삽주(朮)를 캐는 재주 |
| | + | 土 土 | = | 街(거리 가) | 다닐(行) 수 있도록 흙(土)과 흙(土)을 쌓아 만든 거리 |

广	+	黃	=	廣(넓을 광)	큰집(广)을 지을 정도로 누런(黃) 땅이 넓으니
	+	予	=	序(차례 서)	큰집(广)에서 내(予) 차례를 기다리니
	+	卜 口	=	店(가게 점)	큰집(广)에서 점(卜)치듯 입(口)으로 말하며 물건을 파는 가게
	+	크 水	=	康(편안할 강)	일을 끝내고 큰집(广)에서 손(크)을 물(水)에 씻고 편안하게 지내니

| 氵 | + | 夬 | = | 決(결단할 결) | 물(氵) 흐르듯 마음을 터놓고(夬) 결단하여 정하니 |
| 缶 | + | | = | 缺(이지러질 결) | 장군(缶)이 터져(夬) 이지러지고 내용물이 빠지니 |

| 街 거리 가 | = | 行 다닐 행 | + | 土 흙 토 | + | 土 흙 토 | 다닐(行) 수 있도록 흙(土)과 흙(土)을 쌓아 만든 거리 |

| 假 거짓 가 | = | | + | | |

| 減 덜 감 | = | | + | | |

| 監 살필 감 | = | | + | | + | | + | |

| 康 편안할 강 | = | | + | | + | |

| 講 강론할 강 | = | | + | | + | |

| 個 낱 개 | = | | + | | |

| 檢 검사할 검 | = | | + | | |

| 缺 이지러질 결 | = | | + | | |

| 潔 깨끗할 결 | = | | + | | + | | + | | + | |

다음 漢字語의 讀音을 쓰세요.

街 道	商 街	假 名	減 産
減 少	監 査	監 理	小 康
健 康	講 士	講 堂	個 性
個 別	檢 査	缺 食	缺 席
潔 白	淸 潔		

 다음 漢字語를 漢字로 쓰세요.

거리 가　길 도	거짓 가　이름 명	덜 감　낳을 산	살필 감　조사할 사
작을 소　편안할 강	강론할 강　사람 사	낱 개　성품 성	검사할 검　조사할 사
빠질 결　먹을 식	깨끗할 결　깨끗할 백	장사 상　거리 가	덜 감　적을 소
살필 감　다스릴 리	건강할 건　편안할 강	강론할 강　집 당	낱 개　나눌 별
빠질 결　자리 석	맑을 청　깨끗할 결		

01 경춘 **街道**를 달리다. (큰 길거리)

02 집 근처에 있는 **商街**에서 반찬거리를 샀다.

03 연예인들은 본명 대신 **假名**을 많이 쓴다.

04 쌓여 있는 재고 때문에 **減産**이 불가피하다.

05 이 장치는 매연 **減少**에 효과가 있다.

06 국정을 **監査**하다.

07 이번 공사의 **監理**를 맡아 책임이 무겁다.

08 다음 주는 장마가 **小康** 상태를 보이겠습니다.

09 평소 꾸준한 운동으로 자기의 **健康**을 지키자.

10 관중들은 멋진 강연을 한 **講士**에게 뜨거운 박수를 보냈다.

11 학교 **講堂**에 모여 합창 연습을 한다.

12 요즘은 유행을 쫓기보다는 **個性**있는 옷차림이 주목을 받는다.

13 선생님은 학생들의 집을 **個別** 방문하기 시작했다.

14 철저한 **檢査**를 통해 제품의 불량률을 줄였다.

15 **缺食**아동에 대한 국가의 지원이 필요하다.

16 그는 초등학교 다닐 때 **缺席** 한 번 하지 않았다.

17 **潔白**을 주장하다.

18 음식을 만드는 사람은 위생과 **淸潔**에 주의해야 한다.

11	警	言	진실하게(苟) 살라고 **치며**(攵) **말**(言)로 **깨우치니**				
		13획	警				
	깨우칠	경	• 警告(경고) : 주의하라고 알림 • 警世(경세) : 세상 사람들을 깨우침				

12	境	土	**땅**(土)이 **끝나는**(竟) 곳에 있는 **지경**				
		11획	境				
	지경	경	*竟(마침내 경, 끝날 경) : 소리(音) 지르고 걸어(儿) 다니며 마침내 끝났음을 알리니 • 國境(국경) : 나라와 나라 사이의 경계				

13	經	糸	**실**(糸)과 **물줄기**(巠)처럼 길게 쓴 **글**				
		7획	經				
	글 지날	경	• 經書(경서) : 유교의 가르침을 적은 책 • 經過(경과) : 시간이 지나감				

14	慶	心	**사슴**(声) **한**(一) 마리를 갖고 축하하는 **마음**(心)으로 **경사**에 **뒤져오니**(攵)				
		11획	慶				
	경사	경	• 同慶(동경) : 같이 즐거워함 • 慶事(경사) : 매우 즐겁고 기쁜 일				

자원으로 한자 알기

* 진실하게(苟) 살라고 **치며**(攵) **말**(   )로 **깨우치니**   ☞

* **땅**(   )이 **끝나는**(竟) 곳에 있는 **지경**   ☞

* **실**(   )과 **물줄기**(巠)처럼 길게 쓴 **글**   ☞

* **사슴**(声) **한**(一) 마리를 갖고 축하하는 마음(   )으로 **경사**에 **뒤져오니**(攵)   ☞

15 係 7획	亻	사람(亻)이 끈(丿)과 실(糸)을 묶어 **매니**						
		係						
맬 계	계							
		• 關係(관계) : 둘 이상이 서로 걸림 • 係長(계장) : 계 단위의 책임자						

16 故 5획	攵	오랫동안(古) 치며(攵) **연고**를 물으니						
		故						
연고 일부러	고							
		• 故國(고국) : 조상이 살던 나라 • 故意(고의) : 일부러 하는 생각이나 태도						

17 官 5획	宀	집(宀)처럼 언덕(㠯)에 지은 **관청**에서 **벼슬**하니						
		官						
관청 벼슬	관							
		• 官家(관가) : 나라 일을 보던 집 • 上官(상관) : 윗자리의 관원						

18 究 2획	穴	구멍(穴) 난 곳에서 구(九) 년이나 **연구하니**						
		究						
연구할	구							
		• 究明(구명) : 연구하여 이치를 밝힘 • 學究(학구) : 학문을 깊이 연구하는 일						

자원으로 한자 알기

＊ 사람(   )이 끈(丿)과 실(糸)을 묶어 **매니**   ☞

＊ 오랫동안(古) 치며(   ) **연고**를 물으니   ☞

＊ 집(   )처럼 언덕(㠯)에 지은 **관청**에서 **벼슬**하니   ☞

＊ 구멍(   ) 난 곳에서 구(九) 년이나 **연구하니**   ☞

19 句	口	한 묶음의 단위로 **싸**(勹) **입**(口)으로 읽는 **글귀**						
	2획	句						
글귀 **구**		• 文句(문구) : 글의 구절 • 結句(결구) : 문장의 끝을 맺는 어구						

20 求	水	한(一) 점(丶)의 물(氺)이라도 **구하니**						
	2획	求						
구할 **구**		• 要求(요구) : 청하여 구함 • 求人(구인) : 일할 사람을 구함						

자원으로 한자 알기

* 한 묶음의 단위로 **싸**(勹) 입(   )으로 읽는 **글귀**   ☞

* 한(一) 점(丶)의 물(   )이라도 **구하니**   ☞

一思多得

車	+	巠	=	輕(가벼울 경)	수레(車)가 물줄기(巠) 흐르듯 **가볍게** 굴러가니
糸	+		=	經(글 경)	실(糸)과 물줄기(巠)처럼 길게 쓴 **글**

	+	工	=	空(빌 공)	구멍(穴)을 만들어(工) 속이 **비니**
穴	+	厶 心	=	窓(창 창)	구멍(穴)을 사사로운(厶) 마음(心)으로 벽에 뚫어 만든 **창**
	+	九	=	究(연구할 구)	구멍(穴) 난 곳에서 구(九) 년이나 **연구하니**

交	+		=	效(본받을 효)	사귐(交)이 좋지 않아 치며(攵) 좋은 것을 **본받도록** 하니
古	+	攵	=	故(연고 고)	오랫(古)동안 치며(攵) **연고**를 물으니

다음 漢字를 나누고 자원을 쓰면서 익히세요.

월   일

警 깨우칠 경 = ☐ + ☐ + ☐

境 지경 경 = ☐ + ☐

經 글 경 = ☐ + ☐

慶 경사 경 = ☐ + ☐ + ☐ + ☐

係 맬 계 = ☐ + ☐ + ☐

故 연고 고 = ☐ + ☐

官 벼슬 관 = ☐ + ☐

究 연구할 구 = ☐ + ☐

句 글귀 구 = ☐ + ☐

求 구할 구 = ☐ + ☐ + ☐

28

다음 漢字語의 讀音을 쓰세요.

警 告	警 世	國 境	經 書
經 過	同 慶	慶 事	關 係
係 長	故 國	故 意	官 家
上 官	究 明	學 究	文 句
結 句	要 求	求 人	

 다음 漢字語를 漢字로 쓰세요.

깨우칠 경 알릴 고	나라 국 지경 경	글 경 책 서	같을 동 경사 경
관계할 관 맬 계	연고 고 나라 국	관청 관 집 가	연구할 구 밝힐 명
글월 문 글귀 구	구할 요 구할 구	깨우칠 경 세상 세	지날 경 지날 과
경사 경 일 사	계계 어른 장	일부러 고 뜻 의	윗 상 벼슬 관
배울 학 연구할 구	맺을 결 글귀 구	구할 구 사람 인	

01 접근하지 말라는 **警告**를 무시하고 가까이 다가갔다.

02 뛰어난 **警世**의 문장이다.

03 두 나라는 서로 **國境**이 접해 있다.

04 **經書**를 투철히 통달하다.

05 삼 분 **經過**를 알렸다.

06 우리는 올림픽 금메달 소식에 **同慶**하였다.

07 마을에 **慶事**가 났다.

08 남북한 **關係** 정상화를 위한 정책을 추진하였다.

09 올해 친구는 경리 **係長**에서 과장으로 승진하였다.

10 살아생전 **故國** 땅을 밟아 보고 싶다.

11 너를 난처하게 만들려고 **故意**로 저지른 일은 아니다.

12 **官家**에 죄인을 풀어 달라고 애원하다.

13 **上官**에게 경례하다.

14 수사 팀은 사건의 원인 **究明**을 위해 노력했다.

15 **學究**에 몰두하다.

16 그는 책을 읽다가 마음에 드는 **文句**가 있으면 수첩에 적는 습관이 있다.

17 그녀의 시는 아름다운 **結句**로 끝을 맺고 있다.

18 국민들은 실업자를 위한 대책을 빨리 세우도록 정부에 **要求**했다.

19 취직자리를 구하려고 신문의 **求人** 광고란을 유심히 보았다.

21 宮	宀 7획	집(宀)이 등뼈(呂)처럼 이어진 **궁궐**					
		宮					
궁궐	궁	* 呂(등뼈 려) : 몸의 등뼈가 이어진 모양 • 宮女(궁녀) : 궁궐에서 일하던 나인					

22 權	木 18획	나무(木)와 풀(艹) 속에서 입(口)과 입(口)으로 새(隹)들이 **권세**를 다투니					
		權					
권세	권	• 權利(권리) : 권세와 이익 • 權力(권력) : 남을 지배하여 강제로 복종시키는 힘					

23 極	木 9획	나무(木)에 쓰인 한(一) 글귀(句)를 또(又) 한(一) 번 **끝**까지 읽으니					
		極					
끝	극	• 南極(남극) : 남쪽 끝 • 兩極(양극) : 서로 반대되는 양쪽 극단					

24 禁	示 8획	숲(林)은 보기만(示) 할 뿐 출입을 **금하니**					
		禁					
금할	금	• 禁止(금지) : 금하여 못하게 함 • 禁食(금식) : 음식을 먹지 않음					

자원으로 한자 알기

* 집(   )이 등뼈(呂)처럼 이어진 **궁궐**　　　　　　☞

* 나무(   )와 풀(艹) 속에서 입(口)과 입(口)으로 새(隹)들이 **권세**를 다투니　　☞

* 나무(   )에 쓰인 한(一) 글귀(句)를 또(又) 한(一) 번 **끝**까지 읽으니　　☞

* 숲(林)은 보기만(   ) 할 뿐 출입을 **금하니**　　　　☞

25	器	口	네 **식구**(口)가 실컷 먹을 수 있는 **개**(犬)고기를 담은 **그릇**					
		13획	器					
	그릇 도구	기						
			• 食器(식기) : 밥그릇 • 器具(기구) : 그릇, 연장 따위를 통틀어 이르는 말					

26	起	走	**달리려고**(走) **몸**(己)을 **일으키니**					
		3획	起					
	일어날	기						
			• 起立(기립) : 일어나 섬 • 起用(기용) : 인재를 높은 자리에 올려 씀					

27	暖	日	**해**(日) 있는 쪽으로 **당겨**(爰) **따뜻하니**					
		9획	暖					
	따뜻할	난						
			*爰(당길 원) : 손(爫)으로 한(一) 명의 벗(友)을 잡아당기니 • 暖流(난류) : 따뜻한 해류					

28	難	隹	**진흙**(𡏖)에 빠진 **새**(隹)가 날기 **어려우니**					
		11획	難					
	어려울 나무랄	난						
			• 苦難(고난) : 괴로움과 어려움 • 難兄難弟(난형난제) : 사물의 우열이 없다는 말로 곧 비슷하다는 말					

자원으로 한자 알기

* 네 식구(   )가 실컷 먹을 수 있는 개(犬)고기를 담은 **그릇**   ☞

* 달리려고(   ) 몸(己)을 **일으키니**   ☞

* 해(   ) 있는 쪽으로 당겨(爰) **따뜻하니**   ☞

* 진흙(𡏖)에 빠진 새(   )가 날기 **어려우니**   ☞

32

29 努 힘쓸 노	力 5획	여자(女)가 또(又) 힘(力)쓰니
		努
		• 努力(노력) : 힘을 다하여 애씀 • 努力家(노력가) : 무엇을 이루려고 끈질기게 애를 쓰고 힘을 들이는 사람

30 怒 성낼 노	心 5획	여자(女)가 또(又) 마음(心)으로 성내니
		怒
		• 怒氣(노기) : 성난 기운 • 怒發大發(노발대발) : 크게 성을 냄

자원으로 한자 알기

* 여자(女)가 또(又) 힘(   )쓰니   ☞

* 여자(女)가 또(又) 마음(   )으로 성내니   ☞

一思多得

宀	+	㠯	=	官(벼슬 관)	집(宀)처럼 언덕(㠯)에 지은 관청에서 벼슬하니
	+	呂	=	宮(궁궐 궁)	집(宀)이 등뼈(呂)처럼 이어진 궁궐

22. 權(권세 권) 觀(볼 관) 잘 구별하세요.

權(권세 권) : 나무(木)와 풀(艹) 속에서 입(口)과 입(口)으로 새(隹)들이 권세를 다투니

觀(볼 관) : 풀(艹) 속에서 입(口)과 입(口)으로 지저귀며 새(隹)들이 보니(見)

宮 궁궐 궁 = ☐ + ☐

權 권세 권 = ☐ + ☐ + ☐ + ☐ + ☐

極 끝 극 = ☐ + ☐ + ☐ + ☐ + ☐

禁 금할 금 = ☐ + ☐

器 그릇 기 = ☐ + ☐

起 일어날 기 = ☐ + ☐

暖 따뜻할 난 = ☐ + ☐

難 어려울 난 = ☐ + ☐

努 힘쓸 노 = ☐ + ☐ + ☐

怒 성낼 노 = ☐ + ☐ + ☐

다음 漢字語의 讀音을 쓰세요.

宮 女	權 利	權 力	南 極
兩 極	禁 止	禁 食	食 器
器 具	起 立	起 用	暖 流
苦 難	努 力	怒 氣	

 다음 漢字語를 漢字로 쓰세요.

궁궐 궁 계집 녀	권세 권 이로울 리	남녘 남 끝 극	금할 금 그칠 지
밥 식 그릇 기	일어날 기 설 립	따뜻할 난 흐를 류	괴로울 고 어려울 난
힘쓸 노 힘 력	성낼 노 기운 기	권세 권 힘 력	두 량 끝 극
금할 금 먹을 식	도구 기 연장 구	일어날 기 쓸 용	

01 宮女가 고개를 숙이고 문을 곱게 열었다.

02 민주주의 국가에서는 국민의 자유와 權利가 보장된다.

03 이제 인간의 역사에서 權力과 부를 몇 사람이 독점할 수 있는 시대는 지나갔다.

04 북극을 원정했던 탐험대가 이번에는 南極 탐험을 계획하고 있다.

05 그는 지난해 북극에 이어 올해 남극 탐험에 성공하여 지구의 兩極을 정복한 사람이 되었다.

06 1960년대에는 밤12시 이후로 통행 禁止가 되어 마음대로 밖에 나갈 수 없었다.

07 병원에서는 수술할 환자에게 禁食을 시킨다.

08 그날 저녁에는 어머니가 食器에 담아 온 흰 찹쌀, 붉은 팥으로 찰밥을 지어 주셨다.

09 과학실에는 실험 器具가 많이 준비되어 있다.

10 연주가 끝나자 감동받은 관중들은 모두 起立 박수를 보냈다.

11 그의 대표 팀 감독 起用을 두고 말들이 무성하다.

12 삼면이 바다인 한반도는 동해에서 暖流와 한류가 교차하여 좋은 어장을 이룬다.

13 苦難을 이겨 낸 자만이 성공할 수 있다.

14 우리는 각고의 努力 끝에 그 일을 해냈다.

15 그는 화가 나서 얼굴에 怒氣를 드러냈다.

31	單	口 9획	두 **식구**(口)에게 **말**(曰)을 **열**(十) 번이나 **홀로** 하니
		單	
	홀 **단**		• 單獨(단독) : 혼자 • 單色(단색) : 한 가지 색

32	檀	木 13획	**나무**(木) 중에서 **높이**(亶) 자라는 **박달나무**
		檀	
	박달나무 **단**		• 檀弓(단궁) : 박달나무로 만든 활 • 檀君(단군) : 우리 겨레의 시조로 받드는 태초의 임금

33	端	立 9획	**서**(立) 있는 **산**(山)이 **말 이어지듯**(而) **끝**이 없으니
		端	
	끝 단정할 **단**		• 極端(극단) : 맨 끄트머리 • 端正(단정) : 얌전하고 바름

34	斷	斤 14획	**작고**(幺) **작은**(幺) **하나**(一)의 **작고**(幺) **작은**(幺) **상자**(ㄴ)를 **도끼**(斤)로 **절단하니**
		斷	
	끊을 **단**		• 中斷(중단) : 중도에서 끊어짐 • 斷念(단념) : 품었던 생각을 끊음

자원으로 한자 알기

* 두 식구(   )에게 말(曰)을 열(十) 번이나 **홀로** 하니 ☞

* 나무(   ) 중에서 높이(亶) 자라는 **박달나무** ☞

* 서(   ) 있는 산(山)이 말 이어지듯(而) **끝**이 없으니 ☞

* 작고(幺) 작은(幺) 하나(一)의 작고(幺) 작은(幺) 상자(ㄴ)를 도끼(   )로 **절단하니** ☞

35 達 9획	辶	땅(土)을 양(羊)들이 뛰어(辶) 풀밭에 **이르니**
이를 **달**		• 達成(달성) : 뜻한 바를 이룸 • 發達(발달) : 규모 등이 차차 커져 감

36 擔 13획	扌	손(扌)으로 이리저리 **살펴**(詹)보고 어깨에 **메니**
멜 **담**		*詹(살필 첨) : 싸여(⺈) 있는 바위(厂) 밑에 걸어(儿)가 말(言)하며 살피니 • 擔當(담당) : 어떤 일을 맡음

37 黨 8획	黑	높은(尙) 곳에 사는 **검은**(黑) **무리**들
무리 **당**		• 作黨(작당) : 무리를 지음 • 黨爭(당쟁) : 당파를 이루어 서로 싸움

38 帶 8획	巾	풀(艹)색의 **하나**(一)의 **끈**(丿)을 **구부려**(乚) 덮어(冖) 헝겊(巾)처럼 두른 **띠**
띠 **대**		• 地帶(지대) : 한정된 땅의 구역 • 暖帶(난대) : 열대와 온대의 사이에 걸쳐 있는 기후대

자원으로 한자 알기

* 땅(土)을 양(羊)들이 뛰어(　　) 풀밭에 **이르니**　　　　　　☞

* 손(　　)으로 이리저리 살펴(詹)보고 어깨에 **메니**　　　　　☞

* 높은(尙) 곳에 사는 검은(　　) **무리**들　　　　　　　　☞

* 풀(艹)색의 하나(一)의 끈(丿)을 구부려(乚) 덮어(冖) 헝겊(　　)처럼 두른 **띠**　　☞

39		阝	언덕(阝)에 **여덟**(八) 마리의 **돼지**(豕)가 무리 지어 있으니						
隊		9획	隊						
무리 군대	대		• 軍隊(군대) : 군인의 집단 • 入隊(입대) : 군대에 들어가 군인이 됨						

40		寸	도리(道)와 **규칙**(寸)에 맞게 인도하니						
導		13획	導						
인도할	도		• 導入(도입) : 인도하여 들임 • 主導(주도) : 주장이 되어 이끎						

자원으로 한자 알기

* 언덕(   )에 여덟(八) 마리의 돼지(豕)가 무리 지어 있으니   ☞

* 도리(道)와 규칙(   )에 맞게 인도하니   ☞

一思多得

土	+	亶	=	壇(단 단)	흙(土)을 높이(亶) 쌓아 만든 단
木	+		=	檀(박달나무 단)	나무(木) 중에서 높이(亶) 자라는 박달나무

尚	+	土	=	堂(집 당)	높게(尙) 땅(土)에 지은 집
	+	田	=	當(마땅 당)	높은(尙) 곳에 밭(田)농사를 짓는 것이 마땅하니
	+	黑	=	黨(무리 당)	높은(尙) 곳에 사는 검은(黑) 무리들

阝	+	坴	=	陸(뭍 륙)	언덕(阝)과 언덕(坴)으로 이루어지 육지
	+	八 豕	=	隊(무리 대)	언덕(阝)에 여덟(八) 마리의 돼지(豕)가 무리지어 있으니

單
홑 단
= [ ] + [ ] + [ ]

檀
박달나무 단
= [ ] + [ ]

端
끝 단
= [ ] + [ ] + [ ]

斷
끊을 단
= [ ] + [ ] + [ ] + [ ] + [ ] + [ ] + [ ]

達
이를 달
= [ ] + [ ] + [ ]

擔
멜 담
= [ ] + [ ]

黨
무리 당
= [ ] + [ ]

帶
띠 대
= [ ] + [ ] + [ ] + [ ] + [ ] + [ ]

隊
무리 대
= [ ] + [ ] + [ ]

導
인도할 도
= [ ] + [ ]

다음 漢字語의 讀音을 쓰세요.

單 獨	單 色	檀 弓	檀 君
極 端	端 正	中 斷	斷 念
達 成	發 達	擔 當	作 黨
黨 爭	地 帶	暖 帶	軍 隊
入 隊	導 入	主 導	

 다음 漢字語를 漢字로 쓰세요.

홀 단	홀로 독	박달나무 단	활 궁	끝 극	끝 단	가운데 중	끊을 단

이를 달	이룰 성	멜 담	마땅 당	지을 작	무리 당	땅 지	구분할 대

군사 군	무리 대	인도할 도	들 입	홀 단	빛 색	박달나무 단	임금 군

단정할 단	바를 정	끊을 단	생각 념	계발할 발	이를 달	무리 당	다툴 쟁

따뜻할 난	구분할 대	들 입	군대 대	주될 주	인도할 도		

01 그는 회사의 중요한 사안을 單獨으로 결정하였다.

02 그녀는 머리에서 발끝까지 검은색 單色으로 차려입었다.

03 우리의 활의 역사는 고조선의 檀弓에서 시작됐다.

04 우리는 檀君의 피를 이어받은 한 겨레이다.

05 절망의 極端에 이르러 비로소 그는 희망의 의미를 알게 되었다.

06 이 회사는 용모가 端正한 사람을 찾는다.

07 짙은 안개 때문에 비행기 운행이 잠시 中斷되었다.

08 그는 어떤 어려움이 닥쳐도 斷念을 모르는 사람이었다.

09 목표 達成을 위해 노력하다.

10 음악은 아이의 정서적 發達에 좋다.

11 그는 구청에서 擔當을 만나 사정 이야기를 했다.

12 흥분한 마을 사람들은 수십 명씩 作黨을 해서 관가로 몰려왔다.

13 극성해 가는 黨爭 틈서리에 쇠약하고 좀먹어 가는 것은 나라와 백성뿐이었다.

14 간밤에 많은 비가 내려 마을 사람들은 높은 地帶로 대피했다.

15 暖帶성 기후라서 덥다.

16 우리나라의 성인 남자는 특별한 결격 사유가 없는 한 누구나 軍隊에 가야 한다.

17 삼촌은 군 入隊를 며칠 앞두고 할아버지 산소를 찾았다.

18 삼국 시대의 건축술은 불교의 導入과 함께 발전을 이루었다.

19 공신력 있는 기관의 主導 아래 모든 업체가 실험에 참여하고 있다.

41 毒	毋 4획	생명(生)을 버리고 구하지 **말라**(毋)하니 **독하다**.
		毒
독할 독	독	• 惡毒(악독) : 흉악하고 독살스러움 • 毒藥(독약) : 독성을 가진 약

42 督	目 8획	위(上)로 **작은**(小) **또**(又) 다른 아버지가 **눈**(目)으로 보며 **감독하니**
		督
감독할	독	• 監督(감독) : 살피어 단속함 • 督軍(독군) : 군대를 감독하던 벼슬

43 銅	金 6획	금(金)과 색깔이 **같은**(同) **구리**
		銅
구리	동	• 黃銅(황동) : 구리와 아연의 합금 • 銅賞(동상) : 금, 은, 동으로 상의 등급을 정할 때 3등 상

44 斗	斗 0획	곡식(丶)의 양을 잴 때 쓰는 자루가 달린 **말**의 모양
		斗
말 별 이름	두	• 斗量(두량) : 곡식의 양을 말로 되어서 셈함 • 北斗(북두) : 북두칠성

자원으로 한자 알기

* 생명(生)을 버리고 구하지 **말라**(   )하니 **독하다**.   ☞

* 위(上)로 작은(小) 또(又) 다른 아버지가 눈(   )으로 보며 **감독하니**   ☞

* 금(   )과 색깔이 같은(同) **구리**   ☞

* 곡식(丶)의 양을 잴 때 쓰는 자루가 달린 **말**의 모양   ☞

45		豆		굽이 높은 **제기**와 **콩** 꼬투리 모양						
豆		0획		豆						
제기 콩		**두**		• 大豆(대두) : 콩 • 豆油(두유) : 콩기름						

46		彳		**걸어(彳)**가 **아침(旦)**마다 **규칙(寸)**에 따라 일감을 **얻으니**						
得		8획		得						
얻을		**득**		• 得失(득실) : 얻음과 잃음 • 利得(이득) : 이익을 얻는 일						

47		火		**불(火)**을 **올려(登)**놓은 **등잔**						
燈		12획		燈						
등		**등**		• 燈下不明(등하불명) : 가까이 있는 것을 잘 모름 • 燈火可親(등화가친) : 등불을 가까이 하여 글 읽기에 좋음을 이르는 말						

48		四		**그물(四)**을 **실(糸)**로 짜 **새(隹)**를 잡으려고 **벌여** 놓으니						
羅		14획		羅						
벌일		**라**		• 羅立(나립) : 줄을 지어 늘어섬 • 新羅(신라) : 박혁거세가 세운 나라						

자원으로 한자 알기

* 굽이 높은 **제기**와 **콩** 꼬투리 모양   ☞

* 걸어(　　　)가 아침(旦)마다 규칙(寸)에 따라 일감을 **얻으니**   ☞

* 불(　　　)을 올려(登)놓은 **등잔**   ☞

* 그물(　　　)을 실(糸)로 짜 새(隹)를 잡으려고 **벌여** 놓으니   ☞

49		入	하나(一)의 성(冂)을 뚫고(丨) **두** 곳으로 **들어**(入)가니						
兩		6획	兩						
두	량		• 兩家(양가) : 양쪽 집 • 兩面(양면) : 양쪽 면						

50		鹿	나란히 **하나**(一)의 **성**(冂)을 밝히는 **불똥**(丶)처럼 **사슴**(鹿)이 **고우니**						
麗		8획	麗						
고울	려		• 美麗(미려) : 아름답고 고움 • 高麗(고려) : 왕건이 세운 나라						

자원으로 한자 알기

* 하나(一)의 성(冂)을 뚫고(丨) **두** 곳으로 들어(   )가니   ☞

* 나란히 하나(一)의 성(冂)을 밝히는 불똥(丶)처럼 사슴(   )이 **고우니**   ☞

一思多得

圭	+	貝	=	責(꾸짖을 책)	생명(圭) 같은 돈(貝)을 어쨌냐고 **꾸짖으며 책임**을 물으니
	+	毋	=	毒(독할 독)	생명(圭)을 버리고 구하지 말라(毋)하니 **독하다**.

氵	+	同	=	洞(마을 동)	물(氵)을 같이(同) 마시고 사는 **마을**
金	+		=	銅(구리 동)	금(金)과 색깔이 같은(同) **구리**

48. 羅(벌일 라) ‘벌이다’ ‘벌리다’ 잘 구별하세요.

벌이다 : ① 일을 계획하여 시작하거나 펼쳐 놓다.
② 여러 가지 물건을 늘어놓다.

벌리다 : ① 둘 사이를 넓히거나 멀게 하다.
② 우므러진 것을 펴지거나 열리게 하다.

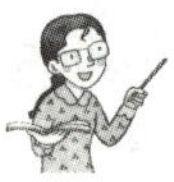

다음 漢字를 나누고 자원을 쓰면서 익히세요.

월 일

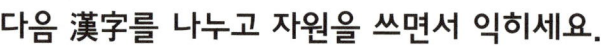

毒 독할 독 = +

督 감독할 독 = + + +

銅 구리 동 = +

斗 말 두 =

豆 콩 두 =

得 얻을 득 = + +

燈 등 등 = +

羅 벌일 라 = + +

兩 두 량 = + + +

麗 고울 려 = + + +

다음 漢字語의 讀音을 쓰세요.

惡	毒	毒	藥	監	督	督	軍

黃	銅	銅	賞	斗	量	北	斗

大	豆	豆	油	得	失	利	得

羅	立	新	羅	兩	家	兩	面

美	麗	高	麗

 다음 漢字語를 漢字로 쓰세요.

악할 악	독할 독	살필 감	감독할 독	누를 황	구리 동	말 두	헤아릴 량

큰 대	콩 두	얻을 득	잃을 실	벌일 라	설 립	두 량	집 가

아름다울 미	고울 려	독 독	약 약	감독할 독	군사 군	구리 동	상줄 상

북녘 북	별 이름 두	콩 두	기름 유	이로울 리	얻을 득	새 신	벌일 라

두 량	표면 면	높을 고	고울 려

01　술만 취하면 이성을 잃고 **惡毒**을 피운다.

02　술은 마시기에 따라서 때로는 보약이 될 수도 있고 **毒藥**이 될 수도 있다.

03　일손을 놓고 서 버리는 인부들을 향해 공사장 **監督**은 소리를 질러 댔다.

04　**督軍**은 중국 신해혁명 후, 각 성에 둔 지방관으로 본래는 군사 장관이었다.

05　**黃銅**으로 된 밥솥은 밥맛이 좋다.

06　백일장 대회에서 **銅賞**을 받아 내심 섭섭하였다.

07　꾸어 온 쌀을 **斗量**해 보니 열 되 조금 못된다.

08　북두칠성을 줄여 **北斗**라고 합니다.

09　**大豆**로 만든 두부는 식물성 고기라 할 만큼 우리 건강에 아주 좋다.

10　우리 집은 **豆油**를 사용한다.

11　승패가 같은 경우에는 골 **得失**차로 본선 진출을 가린다.

12　그는 지난해 주식 투자로 엄청난 **利得**을 보았다.

13　궁에 들어서자 신하들이 **羅立**하였다.

14　**新羅**가 삼국 통일을 이루었다.

15　**兩家** 부모님을 모시고 조촐한 상견례 자리를 마련했다.

16　이 세상에서 일어나는 일은 다 **兩面**이 있다.

17　금강산의 **美麗**한 자연경관에 모두들 감탄했다.

18　**高麗**의 시조는 왕건이다.

01 다닐(行) 수 있도록 흙(土)과 흙(土)을 쌓아 만든 **거리**   ☞ 街

02 사람(　　)이 빌려(叚)서 **거짓**으로 꾸미니 ☞

03 물(　　)을 다(咸) **덜어** 없애니 ☞

04 신하(臣)된 사람(人)이 하나(一)의 그릇(　　)을 **살피니** ☞

05 일을 끝내고 큰집(　　)에서 손(彐)을 물(氺)에 씻고 **편안하게** 지내니 ☞

06 말(　　)로 우물(井) 파는 법을 거듭(再) **강의하니** ☞

07 사람(　　)이나 굳은(固) 것은 **낱개**로 세니 ☞

08 나무(　　)를 다(僉) **검사하니** ☞

09 장군(　　)이 터져(夬) **이지러지고** 내용물이 **빠지니** ☞

10 물(　　)에 세(三) 번이나 송곳(丨)과 칼(刀)과 실(糸)을 씻어 **깨끗하니** ☞

11 진실하게(苟) 살라고 치며(攵) 말(　　)로 **깨우치니** ☞

12 땅(　　)이 끝나는(竟) 곳에 있는 **지경** ☞

13 실(　　)과 물줄기(巠)처럼 길게 쓴 **글** ☞

14 사슴(鹿) 한(一) 마리를 갖고 축하하는 마음(　　)으로 **경사**에 뒤져오니(夂) ☞

15 사람(　　)이 끈(丿)과 실(糸)을 묶어 **매니** ☞

16 오랫동안(古) 치며(　　) **연고**를 물으니 ☞

17 집(　　)처럼 언덕(阝)에 지은 **관청**에서 **벼슬하니** ☞

18 구멍(　　) 난 곳에서 구(九) 년이나 **연구하니** ☞

19 한 묶음의 단위로 싸(勹) 입(　　)으로 읽는 **글귀** ☞

20 한(一) 점(丶)의 물(　　)이라도 **구하니** ☞

21 집(　　)이 등뼈(呂)처럼 이어진 **궁궐** ☞

22 나무(　　)와 풀(艹) 속에서 입(口)과 입(口)으로 새(隹)들이 **권세**를 다투니 ☞

23 나무(　　)에 쓰인 한(一) 글귀(句)를 또(又) 한(一) 번 **끝**까지 읽으니 ☞

24 숲(林)은 보기만(　　) 할 뿐 출입을 **금하니** ☞

25 네 식구(　　)가 실컷 먹을 수 있는 개(犬)고기를 담은 **그릇** ☞

26 달리려고(   ) 몸(己)을 **일으키니**   ☞

27 해(   ) 있는 쪽으로 당겨(爰) **따뜻하니**   ☞

28 진흙(堇)에 빠진 새(   )가 날기 **어려우니**   ☞

29 여자(女)가 또(又) 힘(   )쓰니   ☞

30 여자(女)가 또(又) 마음(   )으로 **성내니**   ☞

31 두 식구(   )에게 말(曰)을 열(十) 번이나 **홀로** 하니   ☞

32 나무(   ) 중에서 높이(亶) 자라는 **박달나무**   ☞

33 서(   ) 있는 산(山)이 말 이어지듯(而) **끝**이 없으니   ☞

34 작고(幺) 작은(幺) 하나(一)의 작고(幺) 작은(幺) 상자(乚)를 도끼(   )로 **절단하니**   ☞

35 땅(土)을 양(羊)들이 뛰어(   ) 풀밭에 **이르니**   ☞

36 손(   )으로 이리저리 살펴(詹)보고 어깨에 **메니**   ☞

37 높은(尚) 곳에 사는 검은(   ) **무리들**   ☞

38 풀(艹)색의 하나(一)의 끈(丿)을 구부려(乚) 덮어(冖) 헝겊(   )처럼 두른 **띠**   ☞

39 언덕(   )에 여덟(八) 마리의 돼지(豕)가 **무리**지어 있으니   ☞

40 도리(道)와 규칙(   )에 맞게 **인도하니**   ☞

41 생명(生)을 버리고 구하지 말라(   )하니 **독하다**.   ☞

42 위(上)로 작은(小) 또(又) 다른 아버지가 눈(   )으로 보며 **감독하니**   ☞

43 금(   )과 색깔이 같은(同) **구리**   ☞

44 곡식(丶)의 양을 잴 때 쓰는 자루가 달린 **말**의 모양   ☞

45 굽이 높은 **제기**와 **콩** 꼬투리 모양   ☞

46 걸어(   )가 아침(旦)마다 규칙(寸)에 따라 일감을 **얻으니**   ☞

47 불(   )을 올려(登)놓은 **등잔**   ☞

48 그물(   )을 실(糸)로 짜 새(隹)를 잡으려고 **벌여** 놓으니   ☞

49 하나(一)의 성(冂)을 뚫고(丨) **두** 곳으로 들어(   )가니   ☞

50 나란히 하나(一)의 성(冂)을 밝히는 불똥(丶)처럼 사슴(   )이 **고우니**   ☞

다음 漢字의 訓과 音을 쓰세요.

월 일

街	假	減	監	康	講	個
檢	缺	潔	警	境	經	慶
係	故	官		究	句	求
宮	權				極	禁
器						起
暖	難				努	怒
單	檀	端		斷	達	擔
黨	帶	隊	導	毒	督	銅
斗	豆	得	燈	羅	兩	麗

1-50번
익히기

거리 가	거짓 가	덜 감	살필 감	편안할 강	강론할 강	낱 개
검사할 검	이지러질 결	깨끗할 결	깨우칠 경	지경 경	글 경	경사 경
맬 계	연고 고	벼슬 관		연구할 구	글귀 구	구할 구
궁궐 궁	권세 권				끝 극	금할 금
그릇 기			1-50번 익히기			일어날 기
따뜻할 난	어려울 난				힘쓸 노	성낼 노
홀 단	박달나무 단	끝 단		끊을 단	이를 달	멜 담
무리 당	띠 대	무리 대	인도할 도	독할 독	감독할 독	구리 동
말 두	콩 두	얻을 득	등 등	벌일 라	두 량	고울 려

52

51 連	辶 7획	수레(車)를 끌고 **뛰어**(辶)가 바퀴 자국이 **이어지니**						
		連						
이을 **련**		• 連勝(연승) : 잇따라 이김 • 連結(연결) : 서로 이어 맺음						

52 列	刂 4획	하루(一) 저녁(夕)에 **칼**(刂)을 만들어 **벌여** 놓으니						
		列						
벌일 여러 **렬**		• 羅列(나열) : 죽 벌여 놓음 • 列強(열강) : 여러 강한 나라						

53 錄	金 8획	쇠(金)에 글을 **새겨**(彔) **기록하니**						
		錄						
기록할 **록**		• 錄音(녹음) : 소리를 기록함 • 記錄(기록) : 어떤 사실을 적음						

54 論	言 8획	말(言)하여 **모여**(侖) **논의하니**						
		論						
논할 **론**		*侖(모일 륜) : 사람(人)들이 한(一)권씩 책(冊)을 들고 모이니 • 論文(논문) : 의견을 논술하는 글						

자원으로 한자 알기

* 수레(車)를 끌고 뛰어(　　)가 바퀴 자국이 **이어지니**　　　　☞

* 하루(一) 저녁(夕)에 칼(　　)을 만들어 **벌여** 놓으니　　　　☞

* 쇠(　　)에 글을 새겨(彔) **기록하니**　　　　☞

* 말(　　)하여 모여(侖) **논의하니**　　　　☞

55 留 머무를 류	田 5획	토끼(卯)가 밭(田)에 머무르니					
		留					
		• 留念(유념) : 마음에 기억하여 둠 • 留學(유학) : 외국에 머물면서 공부함					

56 律 법칙 률 율	彳 6획	걸어(彳)가 현지 실정에 맞게 붓(聿)으로 기록한 법					
		律					
		• 法律(법률) : 나라에서 정한 법 • 規律(규율) : 일상생활의 질서					

57 滿 찰 만	氵 11획	물(氵)을 풀(艹)에 주려고 두(兩) 그릇에 가득 채우니					
		滿					
		• 滿開(만개) : 꽃이 활짝 핌 • 滿足(만족) : 부족함이 없이 충분함					

58 脈 혈관 줄기 맥	月 6획	몸(月)속에 바위(厂) 밑의 뿌리(氏)처럼 사방으로 뻗어 있는 혈관					
		脈					
		• 血脈(혈맥) : 몸 안의 피가 도는 줄기 • 山脈(산맥) : 큰 산에서 뻗어 나간 산의 줄기					

자원으로 한자 알기

* 토끼(卯)가 밭(   )에 머무르니   ☞

* 걸어(   )가 현지 실정에 맞게 붓(聿)으로 기록한 법   ☞

* 물(   )을 풀(艹)에 주려고 두(兩) 그릇에 가득 채우니   ☞

* 몸(   )속에 바위(厂) 밑의 뿌리(氏)처럼 사방으로 뻗어 있는 혈관   ☞

59 毛 털 모	毛 0획	짐승의 꼬리털 모양					
		毛					
		• 毛皮(모피) : 털가죽 • 毛根(모근) : 털 뿌리					

60 牧 기를 목	牜 4획	소(牜)를 쳐(攵) 기르니					
		牧					
		• 牧場(목장) : 마소나 양을 기르는 곳 • 牧童(목동) : 마소나 양을 치는 아이					

자원으로 한자 알기

* 짐승의 꼬리털 모양   ☞

* 소(   )를 쳐(攵) 기르니   ☞

一思多得

糸	+	录	=	綠(푸를 록)	실(糸)로 무늬를 새겨(彔) 푸르니
金	+		=	錄(기록할 록)	쇠(金)에 글을 새겨(彔) 기록하니

己	+	攵	=	改(고칠 개)	몸(己)을 쳐(攵) 잘못을 고치니
苟	+		=	敬(공경 경)	진실하게(苟) 살라고 치는(攵) 사람을 공경하니
求	+		=	救(구원할 구)	약자를 구하려고(求) 적을 쳐(攵) 구원하니
至	+		=	致(이룰 치)	지극한(至) 정성으로 치며(攵) 인도하면 뜻을 이루니
貝	+		=	敗(패할 패)	조개(貝)를 치면(攵) 산산이 깨지듯 적에게 패하니
交	+		=	效(본받을 효)	사귐(交)이 좋지 않아 치며(攵) 좋은 것을 본받도록 하니
牜	+		=	牧(기를 목)	소(牜)를 쳐(攵) 기르니

連
이을 련
= ☐ + ☐

列
벌일 렬
= ☐ + ☐ + ☐

錄
기록할 록
= ☐ + ☐

論
논할 론
= ☐ + ☐

留
머무를 류
= ☐ + ☐

律
법칙 률
= ☐ + ☐

滿
찰 만
= ☐ + ☐ + ☐

脈
혈관 맥
= ☐ + ☐ + ☐

毛
털 모
=

牧
기를 목
= ☐ + ☐

다음 漢字語의 讀音을 쓰세요.

連 勝	連 結	羅 列	列 強
錄 音	記 錄	論 文	留 念
留 學	法 律	規 律	滿 開
滿 足	血 脈	山 脈	毛 皮
毛 根	牧 場	牧 童	

 다음 漢字語를 漢字로 쓰세요.

이을 련 이길 승	벌일 라 벌일 렬	기록할 록 소리 음	논할 론 글월 문
머무를 류 생각 념	법 법 법칙 률	가득 찰 만 필 개	피 혈 혈관 맥
털 모 가죽 피	기를 목 마당 장	이을 련 맺을 결	여러 렬 강할 강
기록할 기 기록할 록	머무를 류 배울 학	법 규 법칙 율	찰 만 만족할 족
메 산 줄기 맥	털 모 뿌리 근	기를 목 아이 동	

01　오늘 경기도 이겨 連勝 행진이 계속되고 있다.

02　통로를 빠져나가 객차와 객차의 連結 부분에 있는 승강구 벽에 기대어 섰다.

03　뉴스는 사실의 羅列만으로 되는 것이 아니라 구성 작업도 중요하다.

04　우리는 한때 列強의 침략을 받았다.

05　錄音이 잘되어 소리가 선명하게 들렸다.

06　記錄을 남기다.

07　그는 요즘 論文 준비로 바쁘다.

08　환절기에 노약자는 특별히 건강에 留念해야 한다.

09　어머니는 留學을 보낸 아들을 항상 보고 싶어 하신다.

10　판사는 法律에 따라 공정한 재판을 하려고 노력했다.

11　기숙사 생활을 위해서는 정해진 規律을 지켜야 한다.

12　사월 하순이면 벚꽃이 滿開해 꽃놀이하러 고궁이나 공원을 찾는 사람들이 많다.

13　추위만 웬만큼 가릴 수 있다면 그것으로 그는 아주 滿足이었다.

14　血脈을 잇다.

15　태백산맥은 우리나라 최정의 山脈이다.

16　겨울철에는 毛皮로 만든 외투가 따뜻하다.

17　머리카락의 毛根을 이용하여 모발을 이식한다.

18　파란 풀이 끝없이 깔려 있는 牧場에 소들이 한가롭게 풀을 뜯고 있다.

19　牧童이 소를 몰고 온다.

61 務	力	창(矛)으로 적을 **치는데**(攵) **힘**(力)**쓰니**					
	9획	務					
힘쓸 일	무	• 休務(휴무) : 집무를 쉼 • 業務(업무) : 맡아서 하는 일					

62 武	止	하나(一)의 **주살**(弋)을 들고 **그쳐**(止) 있는 **군사**					
	4획	武					
군사 무기	무	• 武力(무력) : 군사상의 힘 • 武器(무기) : 전쟁에 쓰이는 기구를 통틀어 이르는 말					

63 未	木	일(一) 년 된 **나무**(木)라 아직 **아니** 자랐으니					
	1획	未					
아닐	미	• 未定(미정) : 아직 결정하지 못함 • 未來(미래) : 아직 오지 않은 앞날					

64 味	口	입(口)으로 지금까지 맛보지 **아니**(未)한 **맛**					
	5획	味					
맛	미	• 甘味(감미) : 단맛 • 別味(별미) : 특별히 좋은 맛					

자원으로 한자 알기

* 창(矛)으로 적을 치는데(攵) **힘**(   )**쓰니**   ☞

* 하나(一)의 주살(弋)을 들고 그쳐(   ) 있는 **군사**   ☞

* 일(一) 년 된 나무(   )라 아직 **아니** 자랐으니   ☞

* 입(   )으로 지금까지 맛보지 아니(未)한 **맛**   ☞

65 密	宀 8획	집(宀)을 떠나 반드시(必) 산(山)에 숨어든 까닭은 **비밀**이 있으니					
		密					
비밀 빽빽할	밀	• 密計(밀계) : 비밀한 꾀 • 密林(밀림) : 빽빽한 숲					

66 博	十 10획	열(十) 가지나 크게(甫) 규칙(寸)을 **널리** 아니					
		博					
넓을	박	*甫(클 보) : 한 일(一)과 점(丶)은 쓰임(用)이 크니 • 博學多識(박학다식) : 학문이 넓고 식견이 많음					

67 防	阝 4획	언덕(阝)에서 **사방**(方)으로 쳐들어오는 적을 **막으니**					
		防					
막을	방	• 防水(방수) : 물이 새는 것을 막음 • 防音(방음) : 시끄러운 소리를 막음					

68 訪	言 4획	말(言)하여 사방(方)으로 **찾으니**					
		訪					
찾을	방	• 訪問(방문) : 남을 찾아 봄 • 訪韓(방한) : 한국을 방문함					

자원으로 한자 알기

* 집(   )을 떠나 반드시(必) 산(山)에 숨어든 까닭은 **비밀**이 있으니   ☞

* 열(   ) 가지나 크게(甫) 규칙(寸)을 **널리** 아니   ☞

* 언덕(   )에서 사방(方)으로 쳐들어오는 적을 **막으니**   ☞

* 말(   )하여 사방(方)으로 **찾으니**   ☞

60

69 房	戶	문(戶)을 사방(方)으로 낸 방						
	4획	房						
방 **방**		• 藥房(약방) : 약국 • 暖房(난방) : 방 안을 따뜻하게 함						

70 拜	手	손(手)과 손(手)을 하나(一)로 모아 절하니						
	5획	拜						
절 **배**		• 歲拜(세배) : 정초에 하는 인사 • 敬拜(경배) : 공경하여 공손히 절함						

자원으로 한자 알기

＊ 문(   )을 사방(方)으로 낸 **방**   ☞

＊ 손(   )과 손(手)을 하나(一)로 모아 **절**하니   ☞

一思多得

63. 未(아닐 미) 末(끝 말) 잘 구별하세요.

    未(아닐 미) : 일(一) 년 된 나무(木)라 아직 **아니** 자랐으니

    末(끝 말) : 하늘(一)에 닿을 듯한 나무(木)의 **끝**

65. 密(비밀 밀) 案(생각할 안) 잘 구별하세요.

    密(비밀 밀) : 집(宀)을 떠나 반드시(必) 산(山)에 숨어든 까닭은 **비밀**이 있으니

    案(생각할 안) : 편안히(安) 책을 볼 수 있도록 나무(木)로 만든 **책상**에서 **생각하니**

阝	+	方	=	防(막을 방)	언덕(阝)에서 사방(方)으로 쳐들어오는 적을 **막으니**
言	+		=	訪(찾을 방)	말(言)하여 사방(方)으로 **찾으니**

務 힘쓸 무 = ▢ + ▢ + ▢

武 군사 무 = ▢ + ▢ + ▢

未 아닐 미 = ▢ + ▢

味 맛 미 = ▢ + ▢

密 비밀 밀 = ▢ + ▢ + ▢

博 넓을 박 = ▢ + ▢ + ▢

防 막을 방 = ▢ + ▢

訪 찾을 방 = ▢ + ▢

房 방 방 = ▢ + ▢

拜 절 배 = ▢ + ▢ + ▢

다음 漢字語의 讀音을 쓰세요.

休 務	業 務	武 力	武 器
未 定	未 來	甘 味	別 味
密 計	密 林	防 水	防 音
訪 問	訪 韓	藥 房	暖 房
歲 拜	敬 拜		

 다음 漢字語를 漢字로 쓰세요.

쉴 휴 일 무	군사 무 힘 력	아닐 미 정할 정	달 감 맛 미
비밀 밀 꾀 계	막을 방 물 수	찾을 방 물을 문	약 약 방 방
해 세 절 배	일 업 일 무	무기 무 도구 기	아닐 미 올 래
다를 별 맛 미	빽빽할 밀 수풀 림	막을 방 소리 음	찾을 방 한국 한
따뜻할 난 방 방	공경할 경 절 배		

01　우리 회사는 토요일에 격주로 **休務**한다.

02　사무 자동화로 여러 가지 **業務**를 신속하고 효율적으로 수행할 수 있게 되었다.

03　두 나라는 **武力**으로 맞서 싸웠다.

04　군인은 항상 **武器**를 잘 관리해야 한다.

05　소설은 다 써 놓았지만, 제목은 아직 **未定**이다.

06　어린이는 우리 **未來**의 꿈이다.

07　초콜렛의 부드럽고 **甘味**로운 맛을 여성들이 좋아한다.

08　그 집 순두부찌개 맛은 **別味**이다.

09　그들이 꾸민 **密計**는 철저히 비밀에 부쳐졌다.

10　이 지역은 높은 기온과 많은 강수량으로 식물의 성장이 왕성하여 열대 **密林**이 무성하다.

11　지붕이 **防水**가 제대로 되지 않아서 빗물이 샌다.

12　이 건물은 **防音**이 잘 되지 않아 옆방에서 나는 작은 소리까지 다 들린다.

13　해외 동포의 모국 **訪問**을 환영합니다.

14　뉴스에서 외국 대통령의 **訪韓** 기사를 보도했다.

15　**藥房**에서 감기약을 사 먹었다

16　이 방은 **暖房**이 되지 않아 겨울엔 사용하지 않는다.

17　우리는 새해 첫날 부모님께 **歲拜**를 올렸다.

18　신께 **敬拜**를 드리다.

71	背	月	달아나려고(北) 몸(月)을 등지고 배반하니						
		5획	背						
	등 배반할	배	• 背景(배경) : 뒷 경치 • 背信(배신) : 믿음을 저버림						

72	配	酉	술(酉)을 자기(己)와 나누어 마시는 짝						
		3획	配						
	나눌 짝	배	• 配給(배급) : 나누어 줌 • 配食(배식) : 식사를 나누어 줌						

73	伐	亻	사람(亻)이 창(戈)으로 적을 베니						
		4획	伐						
	벨 칠	벌	• 伐木(벌목) : 나무를 벰 • 北伐(북벌) : 북쪽을 토벌하는 일						

74	罰	罒	법망(罒)에 걸린 자를 말(言)과 칼(刂)로 벌하니						
		9획	罰						
	벌할	벌	• 賞罰(상벌) : 상과 벌 • 罰金(벌금) : 범죄의 처벌로 부과하는 돈						

자원으로 한자 알기

* 달아나려고(北) 몸(   )을 등지고 배반하니   ☞

* 술(   )을 자기(己)와 나누어 마시는 짝   ☞

* 사람(   )이 창(戈)으로 적을 베니   ☞

* 법망(   )에 걸린 자를 말(言)과 칼(刂)로 벌하니   ☞

75 壁	土 13획	지붕(尸) 아래 **입구**(口)를 내고 **고생**(辛)하며 **흙**(土)으로 쌓은 **벽**						
		壁						
벽 **벽**		• 壁畵(벽화) : 벽에 그린 그림 • 壁紙(벽지) : 벽에 바르는 종이						

76 邊	辶 15획	**스스로**(自) 난 **구멍**(穴)을 **사방**(方)으로 **뛰어**(辶) 다니며 **주변**을 살피니						
		邊						
가 **변**		• 海邊(해변) : 바닷가 • 邊方(변방) : 나라의 경계가 되는 변두리 땅						

77 保	亻 7획	**사람**(亻)이 **입**(口)을 말 없는 **나무**(木)처럼 **지키니**						
		保						
지킬 **보**		• 保健(보건) : 건강을 보전함 • 保溫(보온) : 일정한 온도를 보전함						

78 報	土 9획	**다행히**(幸) **무릎**(卩) 꿇고 **또**(又) **알려서** 은혜를 **갚으니**						
		報						
알릴 갚을 **보**		• 報告(보고) : 알림 • 報答(보답) : 남의 호의나 은혜를 갚음						

자원으로 한자 알기

* 지붕(尸) 아래 입구(口)를 내고 고생(辛)하며 흙(   )으로 쌓은 **벽**   ☞

* 스스로(自) 난 구멍(穴)을 사방(方)으로 뛰어(   ) 다니며 **주변**을 살피니   ☞

* 사람(   )이 입(口)을 말 없는 나무(木)처럼 **지키니**   ☞

* 다행히(   ) 무릎(卩) 꿇고 또(又) **알려서** 은혜를 **갚으니**   ☞

79 寶 (宀 / 17획) — 집(宀)에서 구슬(王)을 장군(缶)에 넣어 돈(貝)처럼 귀하게 여기는 **보배**

寶 / **보배** / **보**
- 寶物(보물) : 보배로운 물건
- 家寶(가보) : 한 집안의 보물

80 步 (止 / 3획) — 발(止)로 조금씩(小) **걸으니**

步 / **걸음** / **보**
- 步行(보행) : 걸어감
- 五十步百步(오십보백보) : 조금 낫고 못한 차이는 있지만 본질은 같음

자원으로 한자 알기

* 집(   )에서 구슬(王)을 장군(缶)에 넣어 돈(貝)처럼 귀하게 여기는 **보배**   ☞

* 발(   )로 조금씩(小) **걸으니**   ☞

一思多得

走	+	己	起(일어날 기)	달리려고(走) 몸(己)을 **일으키니**
酉	+		配(나눌 배)	술(酉)을 자기(己)와 **나누어** 마시는 **짝**

亻	+	弋	代(대신할 대)	사람(亻)이 빚을 주살(弋)로 **대신** 갚으니
	+	戈	伐(벨 벌)	사람(亻)이 창(戈)으로 적을 **베니**

罒	+	糸 隹	羅(벌일 라)	그물(罒)을 실(糸)로 짠 새(隹)를 잡으려고 **벌여** 놓으니
	+	言 刂	罰(벌할 벌)	법망(罒)에 걸린 자를 말(言)과 칼(刂)로 **벌하니**

月	+	卩 又	服(복종할 복)	달(月) 아래 무릎(卩) 꿇고 손(又)을 짚고 **복종하니**
幸	+		報(갚을 보)	다행히(幸) 무릎(卩) 꿇고 또(又) **알려서** 은혜를 **갚으니**

背 등 배 = ☐ + ☐

配 나눌 배 = ☐ + ☐

伐 벨 벌 = ☐ + ☐

罰 벌할 벌 = ☐ + ☐ + ☐

壁 벽 벽 = ☐ + ☐ + ☐ + ☐

邊 가 변 = ☐ + ☐ + ☐ + ☐

保 지킬 보 = ☐ + ☐ + ☐

報 알릴 보 = ☐ + ☐ + ☐

寶 보배 보 = ☐ + ☐ + ☐ + ☐

步 걸음 보 = ☐ + ☐

다음 漢字語의 讀音을 쓰세요.

背 景	背 信	配 給	配 食
伐 木	北 伐	賞 罰	罰 金
壁 畵	壁 紙	海 邊	邊 方
保 健	保 溫	報 告	報 答
寶 物	家 寶	步 行	

 다음 漢字語를 漢字로 쓰세요.

등 배 경치 경	나눌 배 줄 급	벨 벌 나무 목	상줄 상 벌할 벌
벽 벽 그림 화	바다 해 가 변	지킬 보 건강할 건	알릴 보 알릴 고
보배 보 물건 물	걸음 보 다닐 행	배반할 배 믿을 신	나눌 배 밥 식
북녘 북 칠 벌	벌할 벌 돈 금	벽 벽 종이 지	가 변 곳 방
지킬 보 따뜻할 온	갚을 보 갚을 답	집 가 보배 보	

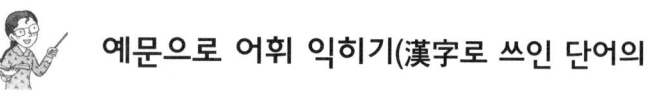

01 背景이 좋은 곳에서 사진을 찍자.

02 독립 운동가는 동지의 背信으로 체포되었다.

03 자원봉사자들은 이재민들에게 생필품을 配給해 주었다.

04 사흘 동안에 配食이라곤 주먹밥 한 덩이뿐이었다.

05 무분별한 伐木으로 산림 훼손이 심각하다.

06 고구려 광개토대왕은 北伐 정책으로 영토를 확장하였다.

07 장군은 사사로운 정에 얽매이지 않고 賞罰을 엄격하게 하여 부하들로부터 존경을 받았다.

08 모임에 늦게 온 사람은 앞으로 罰金을 물어야 한다.

09 고구려의 壁畵에서는 고구려인의 생동하는 기상을 엿볼 수 있다.

10 방안을 새 壁紙로 도배하였다.

11 방풍림인 해송이 긴 띠처럼 드리워진 海邊을 거닐었다.

12 북쪽 邊方 오랑캐가 침입하였다.

13 겨울철 독감 예방을 위해 保健 교육을 실시하였다.

14 保溫 도시락에 점심을 쌌다.

15 사건에 대한 報告가 상부에 들어갔다.

16 그는 아무런 報答도 바라지 않고 그녀에게 도움을 주었다.

17 놀부는 흥부네처럼 박 속에서 온갖 寶物이 쏟아지기를 기대하며 박을 탔다.

18 대대로 내려오는 집안의 家寶로 삼다.

19 공사 관계로 步行에 불편을 드려 죄송합니다.

81	復	彳	걸어(彳)서 **사람**(人)들이 **해**(日)가 지자 **서서히**(夂) **다시 돌아오니**					
		9획	復					
	다시 **부**							
	돌아올 **복**		• 復活(부활) : 다시 살아남 • 復習(복습) : 다시 익혀 공부함					

82	府	广	**큰집**(广)에서 **사람**(亻)들을 **규칙**(寸)에 따라 다스리는 **관청**					
		5획	府					
	관청 **부**		• 官府(관부) : 정부나 관청 • 三府(삼부) : 입법부, 행정부, 사법부 세 부를 일컬음					

83	副	刂	**한**(一) **식구**(口)에게 **밭**(田)은 첫째요, **칼**(刂)은 **다음**이니					
		9획	副					
	버금 **부**		• 副業(부업) : 본업 외에 갖는 직업 • 副食(부식) : 주식에 곁들여 먹는 음식					

84	富	宀	**집**(宀)도 있고 **한**(一) **식구**(口)와 **밭**(田)까지 있으니 **부자**다.					
		9획	富					
	부자 **부**		• 富者(부자) : 재산이 많은 사람 • 富國强兵(부국강병) : 나라의 경제를 넉넉하게 하고 군사력을 강하게 함					

자원으로 한자 알기

* 걸어(   )서 사람(人)들이 해(日)가 지자 서서히(夂) **다시 돌아오니** ☞

* 큰집(   )에서 사람(亻)들을 규칙(寸)에 따라 다스리는 **관청** ☞

* 한(一) 식구(口)에게 밭(田)은 첫째요, 칼(   )은 **다음**이니 ☞

* 집(   )도 있고 한(一) 식구(口)와 밭(田)까지 있으니 **부자**다. ☞

85 婦	女 8획	여자(女)가 비(帚)를 들고 청소하니 **아내**나 **며느리**다.						
		婦						
아내 며느리	부	*帚(비 추) : 손(彐)으로 수건(巾)을 덮어(冖) 쓰고 비질하니 • 夫婦(부부) : 남편과 아내						

86 佛	亻 5획	사람(亻)이 **아닌**(弗) 듯 도를 깨친 **부처**						
		佛						
부처	불	• 佛心(불심) : 부처의 마음 • 佛經(불경) : 불교의 경전						

87 備	亻 10획	사람(亻)이 풀(艹)을 바위(厂) 밑에 쓰려고(用) **갖추어** 두니						
		備						
갖출	비	• 具備(구비) : 빠짐없이 갖춤 • 備品(비품) : 갖추어 두는 물건						

88 非	非 0획	새의 두 날개가 엇갈려 있는 모양으로 **어긋나다, 아니다** 라는 뜻이 됨						
		非						
아닐 비방할	비	• 非理(비리) : 도리에 어그러지는 일 • 非難(비난) : 남의 잘못을 책잡아 나쁘게 말함						

자원으로 한자 알기

* 여자(   )가 비(帚)를 들고 청소하니 **아내**나 **며느리**다.　　　☞

* 사람(   )이 아닌(弗) 듯 도를 깨친 **부처**　　　☞

* 사람(   )이 풀(艹)을 바위(厂) 밑에 쓰려고(用) **갖추어** 두니　　　☞

* 새의 두 날개가 엇갈려 있는 모양으로 **어긋나다, 아니다** 라는 뜻이 됨　　　☞

89 悲 心 8획	일이 뜻대로 **아니**(非)되니 **마음**(心)이 **슬프다.**

悲						

슬플 **비**

• 悲歌(비가) : 슬픔을 나타낸 시
• 悲觀(비관) : 인생을 슬프게 보거나 절망스럽게 여김

90 飛 飛 0획	새가 두 날개를 펴고 **나는** 모양

飛						

날 **비**

• 飛上(비상) : 날아오름
• 飛行(비행) : 날아다님

자원으로 한자 알기

* 일이 뜻대로 아니(非)되니 마음(   )이 **슬프다.**   ☞

* 새가 두 날개를 펴고 **나는** 모양   ☞

一思多得

广	+	黃	=	廣(넓을 광)	큰집(广)을 지을 정도로 누런(黃) 땅이 **넓으니**
	+	予	=	序(차례 서)	큰집(广)에서 내(予) **차례**를 기다리니
	+	卜 口	=	店(가게 점)	큰집(广)에서 점(卜)치듯 입(口)으로 말하며 물건을 파는 **가게**
	+	크 氺	=	康(편안할 강)	일을 끝내고 큰집(广)에서 손(크)을 물(氺)에 씻고 **편안하게** 지내니
	+	亻 寸	=	府(관청 부)	큰집(广)에서 사람(亻)들을 규칙(寸)에 따라 다스리는 **관청**

 다음 漢字를 나누고 자원을 쓰면서 익히세요.

復 다시 부 = ☐ + ☐ + ☐ + ☐

府 관청 부 = ☐ + ☐ + ☐

副 다음 부 = ☐ + ☐ + ☐ + ☐

富 부자 부 = ☐ + ☐ + ☐ + ☐

婦 아내 부 = ☐ + ☐

佛 부처 불 = ☐ + ☐

備 갖출 비 = ☐ + ☐ + ☐ + ☐

非 아닐 비 =

悲 슬플 비 = ☐ + ☐

飛 날 비 =

다음 漢字語의 讀音을 쓰세요.

復 活	復 習	官 府	三 府
副 業	副 食	富 者	夫 婦
佛 心	佛 經	具 備	備 品
非 理	非 難	悲 歌	悲 觀
飛 上	飛 行		

 다음 漢字語를 漢字로 쓰세요.

다시 부 살 활	관청 관 관청 부	버금 부 일 업	부자 부 놈 자
지아비 부 아내 부	부처 불 마음 심	갖출 구 갖출 비	아닐 비 이치 리
슬플 비 노래 가	날 비 오를 상	회복할 복 익힐 습	석 삼 관청 부
버금 부 밥 식	부처 불 글 경	갖출 비 물건 품	비방할 비 나무랄 난
슬플 비 볼 관	날 비 다닐 행		

01 십자가에 못 박혀 세상을 떠난 예수님은 자신의 예언대로 사흘 만에 復活하였다.

02 선생님은 내일 시험을 볼 테니 復習을 꼭 해오라고 하셨다.

03 군마로 官府를 범한 자는 때를 기다리지 말고 목을 베라.

04 식장에는 三府 요인이 한자리에 다 모여 앉아 있었다.

05 농사 외에 副業으로 소를 기른다.

06 학교 식당에서 副食으로 닭고기 튀김이 나왔다.

07 그는 수십억대의 재산을 가진 富者이지만 검소하게 산다.

08 그들은 동네에서 사이좋기로 소문난 夫婦이다.

09 유교가 국교로 정해지면서 온갖 탄압을 받았지만 그들의 佛心은 쉬 꺾이지 않았다.

10 그는 소리 내어 佛經을 읽었다.

11 후보자들은 具備 서류를 모두 갖추어 등록 신청을 하였다.

12 책상과 의자 외엔 별다른 備品이 없는 사무실 안은 초겨울같이 썰렁했다.

13 非理를 저지른 후보자들은 모두 당선이 취소되었다.

14 부실 공사를 한 건설 회사에 非難이 쏟아졌다.

15 그녀의 넋두리는 한 자락 悲歌처럼 듣는 이의 가슴을 아프게 했다.

16 자기를 책하되 悲觀 또는 실망에 그치고 마는 일은 삼가야 한다.

17 높은 곳을 향해 飛上하는 새처럼 꿈을 크게 가져라.

18 그 새는 공중을 향해 수직 飛行으로 날아오르기 시작하였다.

91 貧	貝	나누어(分) 돈(貝)을 가져 **가난하니**						
4획		貧						
가난할 빈		• 貧民(빈민) : 가난한 백성 • 貧富(빈부) : 가난함과 부자						

92 寺	寸	땅(土)에서 **규칙**(寸)을 지키는 **절**이나 **관청**						
3획		寺						
절 사 **관청 사**		• 寺院(사원) : 절 • 山寺(산사) : 산 속에 있는 절						

93 謝	言	말(言)을 **쏘듯**(射) 내뱉어 **사례하니**						
10획		謝						
사례할 사		*射(쏠 사) : 총이나 활을 몸(身)에 의지하고 손가락 마디(寸)로 쏘니 • 感謝(감사) : 고맙게 여겨 사의를 표함						

94 師	巾	언덕(阜)에서 하나(一)의 수건(巾)을 들고 가르치는 **스승**						
7획		師						
스승 사		• 師弟(사제) : 스승과 제자 • 敎師(교사) : 학생을 가르치거나 돌보는 사람						

자원으로 한자 알기

* 나누어(分) 돈(   )을 가져 **가난하니**   ☞

* 땅(土)에서 규칙(   )을 지키는 **절**이나 **관청**   ☞

* 말(   )을 쏘듯(射) 내뱉어 **사례하니**   ☞

* 언덕(阜)에서 하나(一)의 수건(   )을 들고 가르치는 **스승**   ☞

95 舍	舌 2획	사람(人)은 하나(一)같이 오래(舌) 살 집을 원하니						
		舍						
집 사								
		• 舍監(사감) : 기숙사의 감독자 • 官舍(관사) : 관리가 살도록 관청에서 지은 집						

96 殺	殳 7획	부러진(乂) 나무(木)로 찍고(丶) 쳐(殳) 죽이니						
		殺						
죽일 살 감할 쇄								
		• 殺蟲(살충) : 벌레를 죽임 • 相殺(상쇄) : 상반되는 것이 서로 영향을 주어 효과가 없어지는 일						

97 常	巾 8획	잘 보이도록 높은(尙) 곳에 헝겊(巾)을 항상 달아두니						
		常						
항상 상								
		• 常用(상용) : 일반적으로 사용함 • 常識(상식) : 일반적인 지식이나 판단력						

98 床	广 4획	큰집(广)에서 나무(木)로 만든 평상						
		床						
평상 상								
		• 病床(병상) : 병자가 눕는 침상 • 起床(기상) : 잠자리에서 일어남						

자원으로 한자 알기

* 사람(人)은 하나(一)같이 오래(舌) 살 집을 원하니   ☞

* 부러진(乂) 나무(木)로 찍고(丶) 쳐(   ) 죽이니   ☞

* 잘 보이도록 높은(尙) 곳에 헝겊(   )을 항상 달아두니   ☞

* 큰집(   )에서 나무(木)로 만든 평상   ☞

99	想	心 9획	서로(相) 마음(心)으로 **생각하니**					
			想					
	생각 **상**							
			• 想念(상념) : 마음에 떠오르는 생각 • 空想(공상) : 이루어질 수 없는 헛된 생각					

100	狀	犬 4획	장수(爿)처럼 용맹한 개(犬)의 **형상**					
			狀					
	형상 **상** **문서** **장**							
			• 形狀(형상) : 사물의 생긴 모양이나 상태 • 賞狀(상장) : 상으로 주는 문서					

자원으로 한자 알기

* 서로(相) 마음(   )으로 **생각하니**   ☞

* 장수(爿)처럼 용맹한 개(   )의 **형상**   ☞

一思多得

尙	+	土	=	堂(집 당)	높게(尙) 땅(土)에 지은 **집**
	+	田	=	當(마땅 당)	높은(尙) 곳에 밭(田)농사를 짓는 것이 **마땅하니**
	+	貝	=	賞(상줄 상)	공이 높은(尙) 자에게 돈(貝)을 주어 **상주니**
	+	黑	=	黨(무리 당)	높은(尙) 곳에 사는 검은(黑) **무리들**
	+	巾	=	常(항상 상)	잘 보이도록 높은(尙) 곳에 헝겊(巾)을 **항상** 달아두니

广	+	亻 寸	=	府(관청 부)	큰집(广)에서 사람(亻)들을 규칙(寸)에 따라 다스리는 **관청**
	+	木	=	床(평상 상)	큰집(广)에서 나무(木)로 만든 **평상**

다음 漢字를 나누고 자원을 쓰면서 익히세요.

월   일

漢字	=	+	+	+
貧 가난할 빈				
寺 절 사				
謝 사례할 사				
師 스승 사			+	
舍 집 사			+	
殺 죽일 살			+	+
常 항상 상				
床 평상 상				
想 생각 상				
狀 형상 상				

다음 漢字語의 讀音을 쓰세요.

월   일

貧 民	貧 富	寺 院	山 寺
感 謝	師 弟	教 師	舍 監
官 舍	殺 蟲	相 殺	常 用
常 識	病 床	起 床	想 念
空 想	形 狀	賞 狀	

다음 漢字語를 漢字로 쓰세요.

가난할 빈	백성 민	절 사	집 원	고마울 감	사례할 사	스승 사	제자 제
집 사	살필 감	죽일 살	벌레 충	항상 상	쓸 용	병 병	평상 상
생각 상	생각 념	모양 형	형상 상	가난할 빈	부자 부	메 산	절 사
가르칠 교	스승 사	관청 관	집 사	서로 상	감할 쇄	항상 상	알 식
일어날 기	평상 상	헛될 공	생각 상	상줄 상	문서 장		

01 부잣집을 털어 貧民에게 나눠 주는 의적들이 있었으니 이들이 곧 활빈당이었다.

02 현대 사회에서 가장 시급한 과제는 貧富의 불균형을 줄이는 일이다.

03 어머니는 유명하다는 寺院을 찾아 백일기도를 드렸다.

04 山寺에 칩거하다.

05 어버이날을 맞아 선물을 준비하여 부모님께 感謝의 마음을 전했다.

06 師弟 관계가 돈독하다.

07 외국어를 가르치기 위해 원어민 敎師를 초빙하였다.

08 그 여학교의 기숙사 舍監은 엄격하기로 소문이 났다.

09 총장 官舍가 학교 근처에 있다.

10 과수원 아저씨께서 殺蟲을 위해 낙엽을 태워버리는 것이 좋다고 한다.

11 이번 사건으로 과거 불미스러웠던 일을 相殺한 셈이다.

12 학생들 사이에 常用되는 말을 살펴보면 그들의 문화를 이해할 수 있다.

13 학자로서 그가 한 행동은 常識 밖의 것이었다.

14 그는 중병으로 病床에 눕게 되었다.

15 기상나팔 소리에 사병들은 하나 둘씩 起床을 시작했다.

16 그는 의자에 앉아 한동안 想念에 잠겨 있었다.

17 난 지금 그런 쓸데없는 空想이나 하고 있을 만큼 한가하지 않다.

18 만일 조금만 더 밀리면 바다에 빠질 形狀이다.

19 그의 방에는 각종 경기에서 탄 賞狀과 메달이 전시되어 있었다.

51   수레(車)를 끌고 뛰어(　　)가 바퀴 자국이 **이어지니**   ☞

52   하루(一) 저녁(夕)에 칼(　　)을 만들어 **벌여** 놓으니   ☞

53   쇠(　　)에 글을 새겨(彔) **기록하니**   ☞

54   말(　　)하여 모여(侖) **논의하니**   ☞

55   토끼(卯)가 밭(　　)에 **머무르니**   ☞

56   걸어(　　)가 현지 실정에 맞게 붓(聿)으로 기록한 **법**   ☞

57   물(　　)을 풀(艹)에 주려고 두(兩) 그릇에 가득 **채우니**   ☞

58   몸(　　)속에 바위(厂) 밑의 뿌리(氏)처럼 사방으로 뻗어 있는 **혈관**   ☞

59   짐승의 꼬리**털** 모양   ☞

60   소(　　)를 쳐(攵) **기르니**   ☞

61   창(矛)으로 적을 치는데(攵) **힘**(　　)**쓰니**   ☞

62   하나(一)의 주살(弋)을 들고 그쳐(　　) 있는 **군사**   ☞

63   일(一) 년 된 나무(　　)라 아직 **아니** 자랐으니   ☞

64   입(　　)으로 지금까지 맛보지 아니(未)한 **맛**   ☞

65   집(　　)을 떠나 반드시(必) 산(山)에 숨어든 까닭은 **비밀**이 있으니   ☞

66   열(　　) 가지나 크게(甫) 규직(寸)을 **널리** 아니   ☞

67   언덕(　　)에서 사방(方)으로 쳐들어오는 적을 **막으니**   ☞

68   말(　　)하여 사방(方)으로 **찾으니**   ☞

69   문(　　)을 사방(方)으로 낸 **방**   ☞

70   손(　　)과 손(手)을 하나(一)로 모아 **절하니**   ☞

71   달아나려고(北) 몸(　　)을 **등지고 배반하니**   ☞

72   술(　　)을 자기(己)와 **나누어** 마시는 **짝**   ☞

73   사람(　　)이 창(戈)으로 적을 **베니**   ☞

74   법망(　　)에 걸린 자를 말(言)과 칼(刂)로 **벌하니**   ☞

75   지붕(尸) 아래 입구(口)를 내고 고생(辛)하며 흙(　　)으로 쌓은 **벽**   ☞

76 스스로(自) 난 구멍(穴)을 사방(方)으로 뛰어(   ) 다니며 **주변**을 살피니   ☞

77 사람(   )이 입(口)을 말 없는 나무(木)처럼 **지키니**   ☞

78 다행히(   ) 무릎(卩) 꿇고 또(又) **알려서** 은혜를 **갚으니**   ☞

79 집(   )에서 구슬(玉)을 장군(缶)에 넣어 돈(貝)처럼 귀하게 여기는 **보배**   ☞

80 발(   )로 조금씩(小) **걸으니**   ☞

81 걸어(   )서 사람(ㄴ)들이 해(日)가 지자 서서히(夂) **다시 돌아오니**   ☞

82 큰집(   )에서 사람(亻)들을 규칙(寸)에 따라 다스리는 **관청**   ☞

83 한(一) 식구(口)에게 밭(田)은 첫째요, 칼(   )은 **다음**이니   ☞

84 집(   )도 있고 한(一) 식구(口)와 밭(田)까지 있으니 **부자**다.   ☞

85 여자(   )가 비(帚)를 들고 청소하니 **아내**나 **며느리**다.   ☞

86 사람(   )이 아닌(弗) 듯 도를 깨친 **부처**   ☞

87 사람(   )이 풀(艹)을 바위(厂) 밑에 쓰려고(用) **갖추어** 두니   ☞

88 새의 두 날개가 엇갈려 있는 모양으로 **어긋나다**, **아니다** 라는 뜻이 됨   ☞

89 일이 뜻대로 아니(非)되니 마음(   )이 **슬프다**.   ☞

90 새가 두 날개를 펴고 **나는** 모양   ☞

91 나누어(分) 돈(   )을 가져 **가난하니**   ☞

92 땅(土)에서 규칙(   )을 지키는 **절**이나 **관청**   ☞

93 말(   )을 쏘듯(射) 내뱉어 **사례하니**   ☞

94 언덕(白)에서 하나(一)의 수건(   )을 들고 가르치는 **스승**   ☞

95 사람(人)은 하나(一)같이 오래(占) 살 **집**을 원하니   ☞

96 부러진(乄) 나무(木)로 찍고(丶) 쳐(   ) **죽이니**   ☞

97 잘 보이도록 높은(尚) 곳에 헝겊(   )을 **항상** 달아두니   ☞

98 큰집(   )에서 나무(木)로 만든 **평상**   ☞

99 서로(相) 마음(   )으로 **생각하니**   ☞

100 장수(爿)처럼 용맹한 개(   )의 **형상**   ☞

連	列	錄	論	留	律	滿
脈	毛	牧	務	武	未	味
密	博	防		訪	房	拜
背	配				伐	罰
壁						邊
保	報				寶	步
復	府	副		富	婦	佛
備	非	悲	飛	貧	寺	謝
師	舍	殺	常	床	想	狀

51-100번 익히기

이을 련	벌일 렬	기록할 록	논할 론	머무를 류	법칙 률	찰 만
혈관 맥	털 모	기를 목	힘쓸 무	군사 무	아닐 미	맛 미
빽빽할 밀	넓을 박	막을 방		찾을 방	방 방	절 배
등 배	나눌 배				칠 벌	벌할 벌
벽 벽		51-100번 익히기				가 변
지킬 보	알릴 보				보배 보	걸음 보
다시 부	관청 부	버금 부		부자 부	아내 부	부처 불
갖출 비	아닐 비	슬플 비	날 비	가난할 빈	절 사	사례할 사
스승 사	집 사	죽일 살	항상 상	평상 상	생각 상	형상 상

101 設	言 4획	말(言)로 상대방을 **치고**(攴) 자기주장만 **베풀어 세우니**						
		設						
베풀 세울	설	• 設計(설계) : 계획을 세움 • 建設(건설) : 건물, 설비, 시설 따위를 만들어 세움						

102 誠	言 7획	말(言)한 것을 **이루려고**(成) **정성**을 다하니						
		誠						
정성	성	• 誠實(성실) : 정성스럽고 참됨 • 誠金(성금) : 정성으로 내는 돈						

103 城	土 7획	흙(土)을 쌓아 **이룬**(成) 성						
		城						
성	성	• 都城(도성) : 서울 • 城壁(성벽) : 성의 벽						

104 盛	皿 7획	음식을 **만들어**(成) 그릇(皿)에 **성대하게** 쌓으니						
		盛						
성할	성	• 盛業(성업) : 사업이 번창함 • 盛大(성대) : 아주 성하고 큼						

자원으로 한자 알기

* 말(   )로 상대방을 치고(攴) 자기주장만 **베풀어 세우니**   ☞

* 말(   )한 것을 이루려고(成) **정성**을 다하니   ☞

* 흙(   )을 쌓아 이룬(成) **성**   ☞

* 음식을 만들어(成) 그릇(   )에 **성대하게** 쌓으니   ☞

105	星	日	해(日)처럼 빛이 나는(生) 별					
		5획	星					
	별	성						
			• 流星(유성) : 별똥별 • 星雲(성운) : 구름 모양으로 퍼져 보이는 천체					

106	聖	耳	귀(耳)로 잘 듣고 입(口)으로 잘 말하는 큰(壬) 성인					
		7획	聖					
	성인	성						
			*壬(아첨할 임, 클 임) : 삐친(丿) 선비(士)에게 아첨하니 • 聖人(성인) : 길이 우러러 본받을 만한 사람					

107	聲	耳	선비(士)가 문(尸)을 치며(殳) 귀(耳)에 잘 들리도록 소리쳐 이름을 부르니					
		11획	聲					
	소리 이름	성						
			• 音聲(음성) : 목소리 • 名聲(명성) : 세상에 널리 떨친 이름					

108	勢	力	초목이 언덕(坴)에서 둥글둥글(丸) 힘(力)차게 자라는 형세					
		11획	勢					
	형세	세						
			• 勢力(세력) : 권력이나 기세의 힘 • 大勢(대세) : 일이 진행되는 결정적인 형세					

자원으로 한자 알기

* 해(   )처럼 빛이 나는(生) 별   ☞

* 귀(   )로 잘 듣고 입(口)으로 잘 말하는 큰(壬) 성인   ☞

* 선비(士)가 문(尸)을 치며(殳) 귀(   )에 잘 들리도록 소리쳐 이름을 부르니   ☞

* 초목이 언덕(坴)에서 둥글둥글(丸) 힘(   )차게 자라는 형세   ☞

109 稅	禾 7획	벼(禾)로 **바꾸어**(兑) 내는 **세금**						
		稅						
세금	세	• 課稅(과세) : 세금을 부과함						
		• 稅金(세금) : 국가나 공공단체가 조세로서 징수하는 돈						

110 細	糸 5획	**실**(糸)처럼 **밭**(田) 이랑이 **가늘다**						
		細						
가늘	세	• 細分(세분) : 가늘게 나눔						
		• 細密(세밀) : 세세하고 꼼꼼함						

자원으로 한자 알기

* 벼(   )로 바꾸어(兑) 내는 **세금**   ☞

* 실(   )처럼 밭(田) 이랑이 **가늘다**.   ☞

一思多得

言	+	兑	=	說(말씀 설)	**말**(言)을 바꾸어(兑) **달래니**
	+	殳	=	設(베풀 설)	말(言)로 상대방을 치고(殳) 자기주장만 **베풀어 세우니**

言	+	成	=	誠(정성 성)	말(言)한 것을 이루려고(成) **정성**을 다하니
土	+		=	城(성 성)	흙(土)을 쌓아 이룬(成) **성**

坴 丸	+	灬	=	熱(더울 열)	언덕(坴)에 둥글게(丸) 모여 앉아 불(灬)을 때니 **덥다**.
	+	力	=	勢(형세 세)	초목이 언덕(坴)에서 둥글둥글(丸) 힘(力)차게 자라는 **형세**

言	+	兑	=	說(말씀 설)	**말**(言)을 바꾸어(兑) **달래니**
禾	+		=	稅(세금 세)	벼(禾)로 바꾸어(兑) 내는 **세금**

設
베풀 설
= □ + □

誠
정성 성
= □ + □

城
성 성
= □ + □

盛
성할 성
= □ + □

星
별 성
= □ + □

聖
성인 성
= □ + □ + □

聲
소리 성
= □ + □ + □ + □

勢
형세 세
= □ + □ + □

稅
세금 세
= □ + □

細
가늘 세
= □ + □

다음 漢字語의 讀音을 쓰세요.

設 計	建 設	誠 實	誠 金
都 城	城 壁	盛 業	盛 大
流 星	星 雲	聖 人	音 聲
名 聲	勢 力	大 勢	課 稅
稅 金	細 分	細 密	

 다음 漢字語를 漢字로 쓰세요.

세울 설　계획 계	정성 성　참될 실	도읍 도　성 성	성할 성　일 업
흐를 류　별 성	성인 성　사람 인	소리 음　소리 성	형세 세　힘 력
부과할 과　세금 세	가늘 세　나눌 분	세울 건　세울 설	정성 성　돈 금
성 성　벽 벽	성할 성　큰 대	별 성　구름 운	이름날 명　이름 성
큰 대　형세 세	세금 세　돈 금	가늘 세　빽빽할 밀	

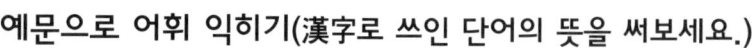

01 내 인생은 내 스스로 設計하고 싶다.

02 댐 建設로 우리 마을이 물에 잠기었다.

03 상인은 신용과 誠實을 바탕으로 상도덕을 지켜야 한다.

04 바자회의 수익금은 모두 수재민 구호 誠金으로 사용할 계획이다.

05 임금에 대한 나쁜 소문이 온 都城 안에 퍼졌고 이내 대궐로 들어갔다.

06 성문 안쪽에는 절벽 같은 城壁이 푸른 들을 가로질러 기다랗게 수원시를 에워쌌다.

07 목이 좋았던 그 이발소는 그런대로 盛業이었다.

08 盛大한 연회를 베풀었다.

09 산 너머 쪽으로 流星이 떨어지고 있었다.

10 星雲은 기체와 작은 고체 입자로 구성되어 있다.

11 공자님은 聖人이다.

12 감기로 音聲이 변하다.

13 그는 청빈함으로 名聲이 자자하다.

14 勢力을 강화하다.

15 大勢는 이미 우리에게 유리하게 바뀌었다.

16 연금 저축에서 발생한 소득에 대해서는 이자 소득세를 課稅한다.

17 稅金을 부과하다.

18 둘로 나누고 다시 細分했다.

19 인물의 성격을 細密하게 묘사하다.

111 掃 쓸 소	扌 8획	손(扌)에 비(帚)를 들고 **쓰니**						
		掃						
		• 一掃(일소) : 모조리 쓸어버림 • 淸掃(청소) : 깨끗하게 소제함						

112 笑 웃음 소	竹 4획	대나무(竹)가 구부러지듯 **젊은이**(夭)가 구부리고 **웃으니**						
		笑						
		*夭(젊을 요) : 삐친(丿) 큰(大) 젊은이 • 談笑(담소) : 웃으면서 이야기 함						

113 素 본디 흴 소	糸 4획	생명(圭) 같은 **실**(糸)은 **본디 희니**						
		素						
		• 平素(평소) : 평상시 • 素服(소복) : 흰 옷						

114 俗 풍속 속	亻 7획	사람(亻)들이 **골짜기**(谷)에서 **풍속**을 지키며 사니						
		俗						
		• 俗談(속담) : 속된 이야기 • 美風良俗(미풍양속) : 아름답고 좋은 풍속						

자원으로 한자 알기

* 손(   )에 비(帚)를 들고 **쓰니**   ☞

* 대나무(   )가 구부러지듯 젊은이(夭)가 구부리고 **웃으니**   ☞

* 생명(圭) 같은 실(   )은 **본디 희니**   ☞

* 사람(   )들이 골짜기(谷)에서 **풍속**을 지키며 사니   ☞

115	續	糸	실(糸)을 팔려고(賣) 이으니						
		15획	續						
	이을	속							
			• 續行(속행) : 계속하여 행함 • 連續(연속) : 끊이지 않고 죽 이음						

116	送	辶	소원을 적어 팔(八)방에서 하늘(天)로 뛰어(辶) 보내니						
		6획	送						
	보낼	송							
			• 送別(송별) : 이별하여 보냄 • 運送(운송) : 물건을 운반하여 보냄						

117	修	亻	아득히(攸) 흐르는 물에 머리털(彡)을 감고 닦으니						
		8획	修						
	닦을	수							
			*攸(아득할 유) : 사람(亻)이 송곳(丨) 같은 지팡이로 땅을 치며(攵) 아득히 멀어지니 • 修行(수행) : 행실, 학문, 기예를 닦음						

118	守	宀	집(宀)에서도 규칙(寸)을 지키니						
		3획	守						
	지킬	수							
			• 固守(고수) : 굳게 지킴 • 守備(수비) : 지키어 방비함						

자원으로 한자 알기

* 실(   )을 팔려고(賣) 이으니   ☞

* 소원을 적어 팔(八)방에서 하늘(天)로 뛰어(   ) 보내니   ☞

* 아득히(攸) 흐르는 물에 머리털(彡)을 감고 닦으니   ☞

* 집(   )에서도 규칙(寸)을 지키니   ☞

119 受 받을 수	又 6획	손(⺕)으로 덮어(冖) 또(又) 받으니

受							

• 受難(수난) : 재난을 당함
• 受講(수강) : 강의나 강습을 받음

120 授 줄 수	扌 8획	손(扌)으로 받으라고(受) 주니

授							

• 授賞(수상) : 상을 줌
• 授業(수업) : 지식이나 기술을 가르쳐 줌

자원으로 한자 알기

＊ 손(⺕)으로 덮어(冖) 또(   ) 받으니   ☞

＊ 손(   )으로 받으라고(受) 주니   ☞

一思多得

女	+	帚	=	婦(아내 부)	여자(女)가 비(帚)를 들고 청소하니 아내나 며느리다.
扌	+		=	掃(쓸 소)	손(扌)에 비(帚)를 들고 쓰니

主	+	貝	=	責(꾸짖을 책)	생명(主) 같은 돈(貝)을 어쨌냐고 꾸짖으며 책임을 물으니
	+	糸	=	素(흴 소)	생명(主) 같은 실(糸)은 본디 희니

氵	+	谷	=	浴(목욕할 욕)	물(氵)이 있는 골짜기(谷)에서 목욕하니
亻	+		=	俗(풍속 속)	사람(亻)이 골짜기(谷)에서 풍속을 지키며 사니

言	+	賣	=	讀(읽을 독)	말(言)하여 외쳐 물건을 팔(賣) 듯 소리 내어 읽으니
糸	+		=	續(이을 속)	실(糸)을 팔려고(賣) 이으니

다음 漢字를 나누고 자원을 쓰면서 익히세요.　　　　　　　월　　일

掃 쓸 소 ＝ □ ＋ □

笑 웃음 소 ＝ □ ＋ □

素 흴 소 ＝ □ ＋ □

俗 풍속 속 ＝ □ ＋ □

續 이을 속 ＝ □ ＋ □

送 보낼 송 ＝ □ ＋ □ ＋ □

修 닦을 수 ＝ □ ＋ □

守 지킬 수 ＝ □ ＋ □

受 받을 수 ＝ □ ＋ □ ＋ □

授 줄 수 ＝ □ ＋ □

다음 漢字語의 讀音을 쓰세요.

一	掃	清	掃	談	笑	平	素
素	服	俗	談	繪	行	連	繪
送	別	運	送	修	行	固	守
守	備	受	難	受	講	授	賞
授	業						

 다음 漢字語를 漢字로 쓰세요.

모든 일	쓸 소	말씀 담	웃음 소	보통 때 평	평소 소	속될 속	말씀 담
이을 속	행할 행	보낼 송	이별할 별	닦을 수	행할 행	굳을 고	지킬 수
받을 수	재난 난	줄 수	상줄 상	깨끗할 청	쓸 소	흴 소	옷 복
이을 련	이을 속	옮길 운	보낼 송	지킬 수	갖출 비	받을 수	강론할 강
줄 수	학업 업						

01 부정부패를 **一掃**하다.

02 **淸掃**를 끝내다.

03 **談笑**를 나누다.

04 그는 **平素**보다 옷차림에 꽤 신경을 쓴 듯했다.

05 성복제에 참례한 논개는 하얗게 눈이 부신 **素服**을 입었다.

06 세 살 적 버릇이 여든까지 간다는 **俗談**은 결코 헛말이 아니다.

07 지난번에 연기된 경기는 이번 주 일요일에 **續行**될 것입니다.

08 비슷한 사건이 **連續**으로 일어났다.

09 이튿날 사은사의 일행은 성대한 **送別**을 받으면서 연경을 향하여 출발하였다.

10 시장은 물자 **運送** 차량으로 붐볐다.

11 **修行**을 쌓다.

12 올해 우리 팀은 선두권 **固守**를 목표로 삼고 있다.

13 공격력이 뛰어난 팀과의 경기에서는 우선 **守備**를 보강해야 한다.

14 그는 지난여름에 홍수로 **受難**을 겪었다.

15 이 과목은 **受講** 인원 미달로 폐강되었다.

16 교장 선생님은 학생에게 **授賞**을 하기 위해 단상으로 올라갔다.

17 김 선생은 일주일에 총 스무 시간을 **授業**한다.

121 收 거둘 수	攴 2획	곡식을 **조각**(丬)으로 **쳐**(攴) **거두니**
		收
		• 收集(수집) : 거두어 모음 • 秋收(추수) : 가을에 곡식을 거두어들임

122 純 순수할 순	糸 4획	때 묻지 않은 **실**(糸)과 **하나**(一)의 **싹**(屮)처럼 깨끗하고 **순수하니**
		純
		• 清純(청순) : 맑고 순수함 • 純潔(순결) : 순수하고 깨끗함

123 承 이을 받들 승	手 4획	**아들**(子) **둘**(二)이 **물**(水)을 **이어 받드니**
		承
		• 傳承(전승) : 계통을 전하여 이어 감 • 承服(승복) : 납득함

124 施 베풀 시	方 5획	**사방**(方)에서 **사람**(亻)들이 **또한**(也) 인성을 **베푸니**
		施
		• 實施(실시) : 실제로 시행함 • 施賞(시상) : 상품이나 상금을 줌

자원으로 한자 알기

* 곡식을 조각(丬)으로 쳐(   ) **거두니**   ☞

* 때 묻지 않은 실(   )과 하나(一)의 싹(屮)처럼 깨끗하고 **순수하니**   ☞

* 아들(子) 둘(二)이 물(水)을 **이어 받드니**   ☞

* 사방(   )에서 사람(亻)들이 또한(也) 인정을 **베푸니**   ☞

125 是	日 5획	해(日)가 비치면 **아래(下)**에서 **사람(人)**들이 **옳게** 사니						
		是						
옳을 이	시	• 是非(시비) : 옳음과 그름 • 是正(시정) : 잘못된 것을 바로잡음						

126 視	見 5획	**신(示)**이 **보아(見)** **살피니**						
		視						
살필	시	• 監視(감시) : 주의 깊게 살핌 • 無視(무시) : 눈여겨보지 않음						

127 試	言 6획	**말(言)**하여 **법식(式)**에 따라 물어보며 **시험하니**						
		試						
시험	시	• 入試(입시) : 입학시험 • 試食(시식) : 맛을 시험하기 위하여 먹어봄						

128 詩	言 6획	감정을 **말(言)**로 표현하여 **절(寺)**처럼 경건하게 읊는 **시**						
		詩						
시	시	• 詩人(시인) : 시를 짓는 사람 • 童詩(동시) : 어린이를 위한 시						

자원으로 한자 알기

* 해(   )가 비치면 아래(下)에서 사람(人)들이 **옳게** 사니   ☞

* 신(示)이 보아(   ) **살피니**   ☞

* 말(   )하여 법식(式)에 따라 물어보며 **시험하니**   ☞

* 감정을 말(   )로 표현하여 절(寺)처럼 경건하게 읊는 **시**   ☞

129 息	心 6획	코(自)와 **심장**(心)으로 **숨 쉬며 쉬니**					
		息					
숨 쉴 쉴	식	• 休息(휴식) : 일을 멈추고 쉼 • 自强不息(자강불식) : 스스로 힘써 몸과 마음을 가다듬어 쉬지 아니함					

130 申	田 0획	말(曰)을 위·아래로 **뚫어**(丨) 자기주장을 **펴 아뢰니**					
		申					
펼 아뢸	신	• 申告(신고) : 사실을 알림 • 内申(내신) : 남이 모르게 비밀히 보고함					

자원으로 한자 알기

* 코(自)와 심장(   )으로 **숨 쉬며 쉬니**   ☞

* 말(曰)을 위·아래로 뚫어(丨) 자기주장을 **펴 아뢰니**   ☞

一思多得

⺧	+	攵	=	牧(기를 목)	소(⺧)를 쳐(攵) **기르니**
⺬	+		=	收(거둘 수)	곡식을 조각(⺬)으로 쳐(攵) **거두니**

方亻	+ 其	= 旗(기 기)	사방(方)에서 사람(亻)들이 바라보는 그(其) **기**
	+ 矢	= 族(겨레 족)	사방(方)에서 사람(亻)과 사람(亻)들이 모여 큰(大) **겨레**가 되니
	+ 氏	= 旅(여행할 려)	사방(方)에서 사람(亻)들이 뿌리(氏)처럼 많이 모여 **여행하니**
	+ 也	= 施(베풀 시)	사방(方)에서 사람(亻)들이 또한(也) 인정을 **베푸니**

示	+ 申	= 神(귀신 신)	신(示)처럼 형상을 펼쳐(申) 보이는 **귀신**
	+ 兄	= 祝(빌 축)	신(示)에게 형(兄)이 소원을 **비니**
	+ 見	= 視(살필 시)	신(示)이 보아(見) **살피니**

收
거둘 수
= □ + □

純
순수할 순
= □ + □ + □

承
이을 승
= □ + □ + □

施
베풀 시
= □ + □ + □

是
옳을 시
= □ + □ + □

視
살필 시
= □ + □

試
시험 시
= □ + □

詩
시 시
= □ + □

息
쉴 식
= □ + □

申
펼 신
= □ + □

다음 漢字語의 讀音을 쓰세요.

收	集	秋	收	清	純	純	潔
傳	承	承	服	實	施	施	賞
是	非	是	正	監	視	無	視
入	試	試	食	詩	人	童	詩
休	息	申	告	內	申		

 다음 漢字語를 漢字로 쓰세요.

거둘 수	모을 집	맑을 청	순순할 순	전할 전	이을 승	실제 실	베풀 시
옳을 시	아닐 비	살필 감	살필 시	들 입	시험 시	시 시	사람 인
쉴 휴	쉴 식	아뢸 신	알릴 고	가을 추	거둘 수	순수할 순	깨끗할 결
받들 승	복종할 복	베풀 시	상줄 상	옳을 시	바를 정	없을 무	살필 시
시험 시	먹을 식	아이 동	시 시	비밀히 내	아뢸 신		

01　나의 취미는 우표 收集이다.

02　秋收를 끝낸 훤한 논밭으로 바람은 막힐 것 없이 시원스레 불고 있다.

03　앳되고 淸純한 얼굴이 맘에 쏙 들었다.

04　그들의 신앙은 너무나 뜨거웠고 純潔했다.

05　그 민요는 사람들의 입에서 입으로 傳承되어 왔다.

06　그 선수는 심판의 판정에 끝내 承服하지 않았다.

07　선거를 實施하였다.

08　사장은 우수 사원에 대한 施賞 계획을 발표하였다.

09　둘은 사소한 是非 끝에 주먹다짐까지 벌였다.

10　우리는 이 문제의 是正을 위해 노력을 기울여야 한다.

11　한 죄수가 監視가 소홀한 틈을 타 도망쳤다.

12　신호등을 無視하고 길을 건너다.

13　入試 때가 다가오자 또다시 추워졌다.

14　가정 선생님의 試食이 있은 후에야 우리들은 실습한 요리를 먹을 수 있었다.

15　어떻게 보면 모든 시는 넓은 뜻에서 詩人들의 자화상이라고도 할 수 있다.

16　어린이의 정서를 읊은 童詩를 읽으면 마음이 순수해진다.

17　10분 동안 休息한 후 다시 훈련을 시작하겠습니다.

18　경찰은 주민의 申告를 받고 긴급 출동하였다.

19　교장이 몇몇 교사에 대해 전근 內申을 했다.

131			
深	氵 8획	물(氵)에 덮여(冖) 사람(儿)과 나무(木)가 보이지 않을 정도로 **깊으니**	
		深	
깊을 **심**		• 深夜(심야) : 깊은 밤 • 深思(심사) : 깊이 생각함	

132			
眼	目 6획	눈(目)구멍에 **그쳐**(艮) 있는 **눈**	
		眼	
눈 **안**		• 眼球(안구) : 눈알 • 眼目(안목) : 사물을 보고 분별하는 견식	

133			
暗	日 9획	해(日)가 소리(音)없이 지고 **어두우니**	
		暗	
어두울 **암**		• 明暗(명암) : 밝음과 어두움 • 暗黑(암흑) : 어둡고 캄캄함	

134			
壓	土 14획	싫어(厭)히는 것을 흙(土)으로 덮어 **누르니**	
		壓	
누를 **압**		*厭(싫을 염) : 바위(厂) 밑에서 해(日)와 달(月)을 보며 개(犬)처럼 사는 게 싫으니 • 壓力(압력) : 누르는 힘	

자원으로 한자 알기

* 물(   )에 덮여(冖) 사람(儿)과 나무(木)가 보이지 않을 정도로 **깊으니**   ☞

* 눈(   )구멍에 그쳐(艮) 있는 **눈**   ☞

* 해(   )가 소리(音)없이 지고 **어두우니**   ☞

* 싫어(厭)하는 것을 흙(   )으로 덮어 **누르니**   ☞

135 液	氵 8획	물(氵)이 밤(夜)처럼 검은 즙					
		液					
즙 **액**		• 樹液(수액) : 나무즙 • 液體(액체) : 부피는 있으나 일정한 모양이 없는 물질					

136 羊	羊 0획	**양**의 모양					
		羊					
양 **양**		• 羊毛(양모) : 양털 • 山羊(산양) : 산악지대에 사는 양					

137 餘	食 7획	밥(食)을 **남기니**(余)					
		餘					
남을 **여**		*余(남을 여) : 사람(人) 한(一) 명이 나무(木) 밑에 남으니 • 餘力(여력) : 남아있는 힘					

138 如	女 3획	여자(女)가 입(口)으로 **같은** 말을 하니					
		如					
같을 **여**		• 如一(여일) : 한결같이 • 如前(여전) : 전과 같음					

자원으로 한자 알기

* 물(   )이 밤(夜)처럼 검은 **즙**　　　　　　　　　　　☞

* **양**의 모양　　　　　　　　　　　☞

* 밥(   )을 **남기니**(余)　　　　　　　　　　　☞

* 여자(   )가 입(口)으로 **같은** 말을 하니　　　　　　　　　　　☞

139 逆	辶 6획	팔(丷)방에서 **하나**(一)같이 **입 벌리고**(凵) **삐쳐서**(丿) **뛰어**(辶)와 **거스르니**
		逆
거스를 **역**		• 逆風(역풍) : 거슬러 부는 바람 • 逆流(역류) : 물이 거슬러 흐름

140 研	石 6획	**돌**(石)을 **평평하게**(幵) **가니**
		研
갈 **연**		* 幵(평평할 견) : 방패(干) 두 개가 평평하니 • 研修(연수) : 학문 따위를 연구하고 닦음

자원으로 한자 알기

* 팔(丷)방에서 하나(一)같이 입 벌리고(凵) 삐쳐서(丿) 뛰어(   )와 **거스르니**   ☞

* 돌(   )을 평평하게(幵) **가니**   ☞

一思多得

木	+		=	根(뿌리 근)	나무(木)가 제자리에 그쳐(艮) 있는 것은 **뿌리** 때문이니
金	+	艮	=	銀(은 은)	금(金) 다음에 그쳐(艮) 있는 **은**
丶	+		=	良(어질 량)	점(丶) 같은 작은 잘못도 그치니(艮) **어질고 좋다.**
目	+		=	眼(눈 안)	눈(目)구멍에 그쳐(艮) 있는 **눈**

日	+	月	=	明(밝을 명)	해(日)와 달(月)이 비추면 **밝으니**
	+	音	=	暗(어두울 암)	해(日)가 소리(音)없이 지고 **어두우니**

다음 漢字를 나누고 자원을 쓰면서 익히세요.

深 깊을 심 = □ + □ + □ + □

眼 눈 안 = □ + □

暗 어두울 암 = □ + □

壓 누를 압 = □ + □

液 즙 액 = □ + □

羊 양 양 =

餘 남을 여 = □ + □

如 같을 여 = □ + □

逆 거스를 역 = □ + □ + □ + □ + □

研 갈 연 = □ + □

 다음 漢字語의 讀音을 쓰세요.

深 夜

深 思

眼 球

眼 目

明 暗

暗 黑

壓 力

樹 液

液 體

羊 毛

山 羊

餘 力

如 一

如 前

逆 風

逆 流

研 修

 다음 漢字語를 漢字로 쓰세요.

깊을 심	밤 야	눈 안	공 구	밝을 명	어두울 암	누를 압	힘 력

나무 수	즙 액	양 양	털 모	남을 여	힘 력	같을 여	한 일

거스를 역	바람 풍	갈 연	닦을 수	깊을 심	생각 사	눈 안	눈 목

어두울 암	검을 흑	즙 액	물질 체	메 산	양 양	같을 여	앞 전

거스를 역	흐를 류

01   深夜에도 시내는 불야성을 이루었다.

02   고개를 그리로 숙이고 深思와 묵도를 오래오래 하였다.

03   眼球 이식에 성공하여 그 환자는 빛을 되찾았다.

04   친구는 물건을 고르는 眼目이 뛰어나다.

05   경제가 어려워지면서 업종별로 明暗이 뚜렷이 갈리고 있다.

06   밤이 되면 천지는 暗黑 속에 잠긴다.

07   정치권의 거센 壓力에 무릎을 꿇다.

08   나뭇가지의 잘린 자리에서 진갈색의 樹液이 흘러내렸다.

09   液體는 분자나 원자의 간격이 기체보다 좁고, 고체에 비하여 응집력이 약하다.

10   羊毛로 짠 스웨터가 부드럽다.

11   목동이 山羊을 몰고 집으로 돌아오고 있다.

12   먼저 자신이 건강해야 남을 돌볼 餘力도 생긴다.

13   결혼하라고 주위에서 그렇게 권해도 이십여 년을 如一하게 홀아비로 늙어 온 외고집이지요.

14   거리에는 떠들썩한 전쟁 소식에도 불구하고 상점과 행인들이 如前하게 소란하고 번잡했다.

15   逆風이 불어 항해가 순조롭지 않다.

16   하수 시설이 제대로 되어 있지 않아서 장마가 지자 하수구의 물이 逆流하였다.

17   운전면허를 따려면 도로에서 실제로 研修를 받아야 한다.

141 演	氵 11획	물(氵)에서 범(寅)처럼 용맹하게 연기를 **펼치니**
		演
연기할 펼	연	*寅(범 인) : 집(宀) 하나(一) 없이 자유(由)로이 팔(八)방으로 다니는 범 • 演技(연기) : 배우가 베푸는 재주

142 煙	火 9획	불(火)을 때니 서쪽(西)에 흙(土)으로 만든 굴뚝에서 나오는 **연기**
		煙
연기 담배	연	• 煙氣(연기) : 물건이 탈 때에 나는 기체 • 禁煙(금연) : 담배 피우는 것을 금함

143 榮	木 10획	불(火)과 불(火)에 덮여(冖) 타오르는 **나무(木)**처럼 **번영하니**
		榮
영화	영	• 榮光(영광) : 빛나는 영예 • 共榮(공영) : 함께 번영함

144 藝	艹 15획	풀(艹) 있는 언덕(坴)에서 둥글둥글(丸) 말하는(云) **재주**
		藝
재주	예	• 藝能(예능) : 예술과 기능 • 文藝(문예) : 학문과 예술

자원으로 한자 알기

* 물(   )에서 범(寅)처럼 용맹하게 연기를 **펼치니**   ☞

* 불(   )을 때니 서쪽(西)에 흙(土)으로 만든 굴뚝에서 나오는 **연기**   ☞

* 불(火)과 불(火)에 덮여(冖) 타오르는 나무(   )처럼 **번영하니**   ☞

* 풀(   ) 있는 언덕(坴)에서 둥글둥글(丸) 말하는(云) **재주**   ☞

145 誤 7획 그르칠 오	言	말(言)할 때 **큰소리치면**(吳) 일을 **그르치니**						
		誤						
		*吳(큰소리칠 오) : 입(口)을 싸(ㄴ)고 크게(大) 소리치니 • 誤答(오답) : 잘못된 답						

146 玉 0획 구슬 임금 옥	玉	옥돌 세(三) 개를 **뚫어**(l) 꿴 **구슬** 모양						
		玉						
		• 玉石(옥석) : 구슬과 돌 또는 좋은 것과 나쁜 것 • 玉體(옥체) : 임금의 몸						

147 往 5획 갈 왕	彳	**걸어**(彳)서 **주인**(主)에게 **가니**						
		往						
		• 往來(왕래) : 가고 오고 함 • 說往說來(설왕설래) : 말이 오고 감						

148 謠 10획 노래 요	言	말(言)을 길게 늘여 **고기**(月)와 **장군**(缶)에 담긴 술을 마시며 **노래하니**						
		謠						
		• 歌謠(가요) : 노래 • 童謠(동요) : 어린이의 정서를 표현한 노래						

자원으로 한자 알기

* 말(   )할 때 큰소리치면(吳) 일을 **그르치니**   ☞

* 옥돌 세(三) 개를 뚫어(l) 꿴 **구슬** 모양   ☞

* 걸어(   )서 주인(主)에게 **가니**   ☞

* 말(   )을 길게 늘여 고기(月)와 장군(缶)에 담긴 술을 마시며 **노래하니**   ☞

149 容 얼굴 담을	宀 7획	집(宀)안 일로 **골짜기**(谷)처럼 주름진 얼굴						
		容						
	용	• 美容(미용) : 얼굴을 아름답게 함 • 容器(용기) : 물건을 담는 그릇						

150 員 관원 인원	口 7획	입(口)으로 **돈**(貝)을 세어 주는 관원						
		員						
	원	• 滿員(만원) : 정한 인원이 다 참 • 要員(요원) : 중요한 지위에 있는 사람						

자원으로 한자 알기

* 집(   )안 일로 골짜기(谷)처럼 주름진 **얼굴**   ☞

* 입(   )으로 돈(貝)을 세어 주는 **관원**   ☞

一思多得

氵	+	咸	=	減(덜 감)	물(氵)을 다(咸) **덜어** 없애니
	+	夜	=	液(즙 액)	물(氵)이 밤(夜)처럼 검은 **즙**
	+	寅	=	演(펼 연)	물(氵)에서 범(寅)처럼 용맹하게 연기를 **펼치니**

143. 榮(영화 영) 勞(일할 로) 잘 구별하세요.

　　榮(영화 영) : 불(火)과 불(火)에 덮여(冖) 타오르는 나무(木)처럼 **번영하니**

　　勞(일할 로) : 불(火)과 불(火)에 덮여(冖) 힘(力)써 **일하니**

亻	+	主	=	住(살 주)	사람(亻)은 주(主)로 일정한 곳에 머물러 **사니**
彳	+		=	往(갈 왕)	걸어(彳)서 주인(主)에게 **가니**

다음 漢字를 나누고 자원을 쓰면서 익히세요.

演 펼 연 =

煙 연기 연 =

榮 영화 영 =

藝 재주 예 =

誤 그르칠 오 =

玉 구슬 옥 =

往 갈 왕 =

謠 노래 요 =

容 얼굴 용 =

員 관원 원 =

다음 漢字語의 讀音을 쓰세요.

演 技	煙 氣	禁 煙	榮 光
共 榮	藝 能	文 藝	誤 答
玉 石	玉 體	往 來	歌 謠
童 謠	美 容	容 器	滿 員
要 員			

 다음 漢字語를 漢字로 쓰세요.

펼 연 재주 기	연기 연 기운 기	영화 영 빛 광	재주 예 능할 능
그르칠 오 대답할 답	구슬 옥 돌 석	갈 왕 올 래	노래 가 노래 요
아름다울 미 얼굴 용	찰 만 인원 원	금할 금 담배 연	함께 공 영화 영
글월 문 재주 예	구슬 옥 몸 체	아이 동 노래 요	담을 용 그릇 기
중요할 요 인원 원			

01　그녀는 20대 초반의 신인임에도 불구하고 노인 역을 훌륭히 演技하였다.

02　방 안에 담배 煙氣가 자욱하다.

03　그는 매년 새해가 되면 禁煙을 결심하지만 끝내 실패하고 만다.

04　우리는 수석의 榮光을 차지한 그에게 아낌없는 박수를 보냈다.

05　우리는 세계 인류가 共榮할 수 있는 길을 모색하고 있다.

06　동생은 공부하기를 싫어하지만 藝能에는 소질이 있다.

07　文藝 잡지를 구독 중이다.

08　이번 시험은 어려웠는지 誤答이 많았다.

09　玉石을 고르듯 사람을 가려 쓸 줄 알아야 한다.

10　전하, 玉體를 보중하옵소서.

11　이곳은 교통의 요지라 사람의 往來가 빈번하다.

12　라디오에서 옛날에 즐겨듣던 歌謠가 흘러나왔다.

13　할머니는 손녀가 童謠를 부르는 모습을 보고 퍽 기특하게 여기셨다.

14　햇볕에 장시간 노출되는 것은 美容에 해롭다.

15　남은 음식 재료를 容器에 담아 냉장고에 보관하였다.

16　滿員 버스로 출퇴근하다.

17　그는 지난 전쟁 때 특수 부대의 要員으로서 사선을 무수히 넘나들었다.

101 말(   )로 상대방을 치고(攵) 자기주장만 **베풀어 세우니**   ☞

102 말(   )한 것을 이루려고(成) **정성**을 다하니   ☞

103 흙(   )을 쌓아 이룬(成) **성**   ☞

104 음식을 만들어(成) 그릇(   )에 **성대하게** 쌓으니   ☞

105 해(   )처럼 빛이 나는(生) **별**   ☞

106 귀(   )로 잘 듣고 입(口)으로 잘 말하는 큰(壬) **성인**   ☞

107 선비(士)가 문(尸)을 치며(攵) 귀(   )에 잘 들리도록 **소리쳐 이름**을 부르니   ☞

108 초목이 언덕(초)에서 둥글둥글(丸) 힘(   )차게 자라는 **형세**   ☞

109 벼(   )로 바꾸어(兑) 내는 **세금**   ☞

110 실(   )처럼 밭(田) 이랑이 **가늘다.**   ☞

111 손(   )에 비(帚)를 들고 **쓰니**   ☞

112 대나무(   )가 구부러지듯 젊은이(夭)가 구부리고 **웃으니**   ☞

113 생명(土) 같은 실(   )은 **본디 희니**   ☞

114 사람(   )들이 골짜기(谷)에서 **풍속**을 지키며 사니   ☞

115 실(   )을 팔려고(賣) **이으니**   ☞

116 소원을 적어 팔(八)방에서 하늘(天)로 뛰어(   ) **보내니**   ☞

117 아득히(攸) 흐르는 물에 머리털(   )을 감고 **닦으니**   ☞

118 집(   )에서도 규칙(寸)을 **지키니**   ☞

119 손(爫)으로 덮어(冖) 또(   ) **받으니**   ☞

120 손(   )으로 받으라고(受) **주니**   ☞

121 곡식을 조각(爿)으로 쳐(   ) **거두니**   ☞

122 때 묻지 않은 실(   )과 하나(一)의 싹(屮)처럼 깨끗하고 **순수하니**   ☞

123 아들(子) 둘(二)이 물(水)을 **이어 받드니**   ☞

124 사방(   )에서 사람(ㄥ)들이 또한(也) 인정을 **베푸니**   ☞

125 해(   )가 비치면 아래(下)에서 사람(人)들이 **옳게** 사니   ☞

126 신(示)이 보아(　　) **살피니**　　　　　　☞

127 말(　　)하여 법식(式)에 따라 물어보며 **시험하니**　　☞

128 감정을 말(　　)로 표현하여 절(寺)처럼 경건하게 읊는 **시**　　☞

129 코(自)와 심장(　　)으로 **숨 쉬며 쉬니**　　☞

130 말(曰)을 위·아래로 뚫어(｜) 자기주장을 **펴 아뢰니**　　☞

131 물(　　)에 덮여(冖) 사람(儿)과 나무(木)가 보이지 않을 정도로 **깊으니**　　☞

132 눈(　　)구멍에 그쳐(艮) 있는 **눈**　　☞

133 해(　　)가 소리(音)없이 지고 **어두우니**　　☞

134 싫어(厭)하는 것을 흙(　　)으로 덮어 **누르니**　　☞

135 물(　　)이 밤(夜)처럼 검은 **즙**　　☞

136 **양**의 모양　　☞

137 밥(　　)을 **남기니**(余)　　☞

138 여자(　　)가 입(口)으로 **같은** 말을 하니　　☞

139 팔(丷)방에서 하나(一)같이 입 벌리고(凵) 삐쳐서(丿) 뛰어(　　)와 **거스르니**　　☞

140 돌(　　)을 평평하게(幵) **가니**　　☞

141 물(　　)에서 범(寅)처럼 용맹하게 연기를 **펼치니**　　☞

142 불(　　)을 때니 서쪽(西)에 흙(土)으로 만든 굴뚝에서 나오는 **연기**　　☞

143 불(火)과 불(火)에 덮여(冖) 타오르는 나무(　　)처럼 **번영하니**　　☞

144 풀(　　) 있는 언덕(坴)에서 둥글둥글(丸) 말하는(云) **재주**　　☞

145 말(　　)할 때 큰소리치면(吳) 일을 **그르치니**　　☞

146 옥돌 세(三) 개를 뚫어(｜) 꿴 **구슬** 모양　　☞

147 걸어(　　)서 주인(主)에게 **가니**　　☞

148 말(　　)을 길게 늘여 고기(月)와 장군(缶)에 담긴 술을 마시며 **노래하니**　　☞

149 집(　　)안 일로 골짜기(谷)처럼 주름진 **얼굴**　　☞

150 입(　　)으로 돈(貝)을 세어 주는 **관원**　　☞

設	誠	城	盛	星	聖	聲
勢	稅	細	掃	笑	素	俗
續	送	修		守	受	授
收	純				承	施
是						視
試	詩				息	申
深	眼	暗		壓	液	羊
餘	如	逆	硏	演	煙	榮
藝	誤	玉	往	謠	容	員

101-150번 익히기

베풀 설	정성 성	성 성	성할 성	별 성	성인 성	소리 성
형세 세	세금 세	가늘 세	쓸 소	웃음 소	본디 소	풍속 속
이을 속	보낼 송	닦을 수		지킬 수	받을 수	줄 수
거둘 수	순수할 순				이을 승	베풀 시
옳을 시						살필 시
시험 시	시 시				쉴 식	펼 신
깊을 심	눈 안	어두울 암		누를 압	즙 액	양 양
남을 여	같을 여	거스를 역	갈 연	펼 연	연기 연	영화 영
재주 예	그르칠 오	구슬 옥	갈 왕	노래 요	얼굴 용	관원 원

101-150번 익히기

151 圓	口 10획	울타리(口)를 관원(員)들이 **둥글게** 에워싸니					
		圓					
둥글 **원**		• 圓卓(원탁) : 둥근 탁자 • 圓滿(원만) : 모나지 않고 너그러움					

152 衛	行 10획	다니며(行) 위대한(韋) 사람을 **지키니**					
		衛					
지킬 **위**		• 防衛(방위) : 막아서 지킴 • 衛生(위생) : 질병의 예방이나 치료에 힘쓰는 일					

153 爲	爪 8획	손톱(爪)으로 원숭이가 머리를 긁는 모양으로 **하다**라는 뜻을 나타냄					
		爲					
할 될 **위**		• 行爲(행위) : 행하는 짓 • 當爲(당위) : 마땅히 행하여야 할 것					

154 肉	肉 0획	성(冂)에서 사람(人)과 사람(人)들이 즐겨 먹는 **고기**를 자른 모양					
		肉					
고기 몸 **육**		• 肉食(육식) : 고기를 먹음 • 肉身(육신) : 육체					

자원으로 한자 알기

* 울타리(   )를 관원(員)들이 **둥글게** 에워싸니   ☞

* 다니며(   ) 위대(韋)한 사람을 **지키니**   ☞

* 손톱(   )으로 원숭이가 머리를 긁는 모양으로 **하다**라는 뜻을 나타냄   ☞

* 성(冂)에서 사람(人)과 사람(人)들이 즐겨 먹는 **고기**를 자른 모양   ☞

155 恩 心 6획	의지하는(因) 사람을 **마음**(心)으로 **은혜**롭게 여기니					
	恩					
은혜 은	• 恩師(은사) : 은혜로운 스승 • 恩人(은인) : 은혜를 베풀어 준 사람					

156 陰 阝 8획	**언덕**(阝)이 **지금**(今) **구름**(云)에 가려 **그늘**지니					
	陰					
그늘 음	*云(이를 운) : 雲(구름 운)의 옛 글자 • 陰地(음지) : 그늘진 땅					

157 應 心 13획	**큰집**(广)에서 **사람**(亻)이 기르는 **새**(隹)가 주인의 **마음**(心)에 **응하니**					
	應					
응할 응	• 應試(응시) : 시험에 응함 • 應答(응답) : 부름이나 물음에 응하여 답함					

158 義 羊 7획	**양**(羊)처럼 **나**(我)는 **옳게** 살아야지					
	義					
옳을 의	*我(나 아) : 손(手)에 창(戈)을 들고 나를 지키니 • 義理(의리) : 사람으로서 행해야 할 옳은 길					

자원으로 한자 알기

* 의지하는(因) 사람을 마음(   )으로 **은혜**롭게 여기니   ☞

* 언덕(   )이 지금(今) 구름(云)에 가려 **그늘**지니   ☞

* 큰집(广)에서 사람(亻)이 기르는 새(隹)가 주인의 마음(   )에 **응하니**   ☞

* 양(   )처럼 나(我)는 **옳게** 살아야지   ☞

159 議 13획	言	말(言)하여 옳은(義) 결정을 하려고 **의논하니**					
	議						
의논할 **의**		• 相議(상의) : 서로 의논함 • 議決(의결) : 의논하여 결정함					

160 移 6획	禾	벼(禾)가 많이(多) 자라서 **옮겨** 심으니					
	移						
옮길 **이**		• 移植(이식) : 옮겨 심음 • 移動(이동) : 옮겨 움직임					

자원으로 한자 알기

* 말(   )하여 옳은(義) 결정을 하려고 **의논하니**   ☞

* 벼(   )가 많이(多) 자라서 **옮겨** 심으니   ☞

一思多得

行	+	朮	=	術(재주 술)	다니며(行) 삽주(朮)를 캐는 **재주**
	+	土 土	=	街(거리 가)	다닐(行) 수 있도록 흙(土)과 흙(土)을 쌓아 만든 **거리**
	+	韋	=	衛(지킬 위)	다니며(行) 위대한(韋) 사람을 **지키니**

田	+	心	=	思(생각 사)	밭(田)에 무엇을 심을까 마음(心)으로 **생각하니**
因	+		=	恩(은혜 은)	의지하는(因) 사람을 마음(心)으로 **은혜**롭게 여기니

禾	+	火	=	秋(가을 추)	벼(禾)를 불(火) 같은 햇빛에 말려 거두는 **가을**
	+	斗	=	科(과목 과)	벼(禾)를 말(斗)로 헤아려 구분하듯 구분해 놓은 **과목**
	+	刂	=	利(이로울 리)	벼(禾)를 칼(刂)로 베어 수확하면 **이로우니**
	+	多	=	移(옮길 이)	벼(禾)가 많이(多) 자라서 **옮겨** 심으니

본문 익히기 123

圓
둥글 원
= ☐ + ☐

衛
지킬 위
= ☐ + ☐

爲
할 위
=

肉
고기 육
= ☐ + ☐ + ☐

恩
은혜 은
= ☐ + ☐

陰
그늘 음
= ☐ + ☐ + ☐

應
응할 응
= ☐ + ☐ + ☐ + ☐

義
옳을 의
= ☐ + ☐

議
의논할 의
= ☐ + ☐

移
옮길 이
= ☐ + ☐

다음 漢字語의 讀音을 쓰세요.

圓 卓	圓 滿	防 衛	衛 生
行 爲	當 爲	肉 食	肉 身
恩 師	恩 人	陰 地	應 試
應 答	義 理	相 議	議 決
移 植	移 動		

 다음 漢字語를 漢字로 쓰세요.

둥글 원	탁자 탁	막을 방	지킬 위	행할 행	할 위	고기 육	먹을 식
은혜 은	스승 사	그늘 음	땅 지	응할 응	시험 시	옳을 의	이치 리
서로 상	의논할 의	옮길 이	심을 식	둥글 원	찰 만	지킬 위	살 생
마땅 당	할 위	몸 육	몸 신	은혜 은	사람 인	응할 응	대답할 답
의논할 의	정할 결	옮길 이	움직일 동				

01 그들은 圓卓에 둘러앉아 자유롭게 의견을 교환했다.

02 그는 성격이 圓滿해서 친구가 많다.

03 그 부대는 수도를 防衛하는 책임을 지고 있다.

04 당국은 衛生 상태가 나쁜 음식점에 대해 휴업 조치를 취했다.

05 그는 자신이 한 行爲에 책임을 졌다.

06 當爲적 결과이다.

07 스님들은 肉食을 금하고 있다.

08 그의 영혼은 이미 소멸되었으며 살아 움직이고 있는 것은 거추장스러운 肉身뿐이었다.

09 여고 때의 恩師를 찾아뵈러 학교에 갔다.

10 그분은 내 생명의 恩人이다.

11 양지쪽엔 온갖 꽃들이 생생하게 피었지만 陰地쪽은 아직 싹도 안 돋아나고 텅 비어 있었다.

12 그는 다음 검정고시에는 기어코 應試하기로 마음을 정했다.

13 이번 협상은 우리 측 답변에 대한 상대측 應答이 오면 시작될 전망이다.

14 그는 죽음을 무릅쓰고 끝까지 義理를 지켰다.

15 부모님과 相議를 해 보았지만 어차피 결정은 내가 해야 할 몫이었다.

16 헌법은 국회의 議決을 거쳐 국민 투표로 개정된다.

17 그는 산에서 묘목 몇 그루를 자기 집 정원으로 移植하였다.

18 전사, 부상, 파견 등의 병력의 移動이 너무나 빈번했고 탈주병도 많았다.

161 益	皿	음식을 **나누고**(八) **한**(一) 번 더 **나누어** (八) 그릇(皿)에 **더하니**					
	5획	益					
더할 유익할	익	• 收益(수익) : 이익을 거둠 • 多多益善(다다익선) : 많으면 많을수록 더욱 좋다는 말					

162 認	言	**말**(言)을 **참고**(忍) 상대방 말을 끝까지 들어서 **알아 인정하니**					
	7획	認					
알 인정할	인	*忍(참을 인) : 칼날(刃) 앞에 마음(心)을 참으니 • 認識(인식) : 사물을 분별하고 판단하여 앎					

163 印	卩	**사람**(亻) **두**(二) 명이 **무릎**(卩) 꿇고 계약서에 찍는 **도장**					
	4획	印					
도장	인	• 印章(인장) : 도장 • 木印(목인) : 나무도장					

164 引	弓	**활**(弓)로 **송곳**(丨) 같은 화살을 쏘려고 **끌어**낭기니					
	1획	引					
끌	인	• 引上(인상) : 끌어올림 • 引導(인도) : 이끌어 지도함					

자원으로 한자 알기

* 음식을 나누고(八) 한(一) 번 더 나누어 (八) 그릇(   )에 **더하니**   ☞

* 말(   )을 참고(忍) 상대방 말을 끝까지 들어서 **알아 인정하니**   ☞

* 사람(亻) 두(二) 명이 무릎(   ) 꿇고 계약서에 찍는 **도장**   ☞

* 활(   )로 송곳(丨) 같은 화살을 쏘려고 **끌어**당기니   ☞

165 將	寸	장수(爿)의 **몸**(月)이 되어 부하를 **규칙**(寸)에 따라 지휘하니						
	8획	將						
장수 장차 나이갈	장							
		• 名將(명장) : 이름난 장수 • 將來(장래) : 다가올 앞날						

166 障	阝	위험한 **언덕**(阝)에 **글**(章)을 써 붙여 길을 **막으니**						
	11획	障						
막을	장							
		• 障壁(장벽) : 막은 벽 • 故障(고장) : 기계, 설비 따위의 기능에 이상이 생기는 일						

167 低	亻	**사람**(亻)은 겸손하려고 자신을 **낮게**(氐) **낮추니**						
	5획	低						
낮을	저							
		*氐 (낮을 저) : 뿌리(氏) 아래 땅(一)이니 낮다. • 低空(저공) : 지면이나 수면에 가까운 낮은 하늘						

168 敵	攵	**하나**(啇)같이 **원수**를 **치며**(攵) **대적하니**						
	11획	敵						
원수 대적할	적							
		*啇(하나 적) : 머리(亠)에 갓 쓰고 나뉘어(丷) 성(冂)에서 오래(古) 하나같이 사니 • 無敵(무적) : 겨룰 만한 적이 없음						

자원으로 한자 알기

* **장수**(爿)의 **몸**(月)이 되어 부하를 규칙(   )에 따라 지휘하니   ☞

* 위험한 언덕(   )에 **글**(章)을 써 붙여 길을 **막으니**   ☞

* 사람(   )은 겸손하려고 자신을 낮게(氐) **낮추니**   ☞

* 하나(啇)같이 **원수**를 치며(   ) **대적하니**   ☞

169 田	田 0획	경계 지은 **밭**의 모양
밭 전		• 田園(전원) : 논밭과 동산 • 我田引水(아전인수) : 자기에게만 이롭게 되도록 생각하거나 행동함

170 絶	糸 6획	실(糸)에 **색**(色)을 들이려고 알맞은 크기로 **끊으니**
끊을 절		• 絶交(절교) : 교제를 끊음 • 斷絶(단절) : 관계를 끊음

자원으로 한자 알기

* 경계 지은 **밭**의 모양   ☞

* 실(   )에 색(色)을 들이려고 알맞은 크기로 **끊으니**   ☞

一思多得

言	+ 式 = 試(시험 시)	말(言)하여 법식(式)에 따라 물어보며 **시험**하니
	+ 寺 = 詩(시 시)	감정을 말(言)로 표현하여 절(寺)처럼 경건하게 읊는 **시**
	+ 義 = 議(의논할 의)	말(言)하여 옳은(義) 결정을 하려고 **의논하니**
	+ 忍 = 認(알 인)	말(言)을 참고(忍) 상대방 말을 끝까지 들어서 **알아 인정하니**

牛 +	攵	= 牧(기를 목)	소(牛)를 쳐(攵) **기르니**
丩 +		= 收(거둘 수)	곡식을 조각(丩)으로 쳐(攵) **거두니**
啇 +		= 敵(대적할 적)	하나(啇)같이 **원수**를 치며(攵) **대적하니**

益
더할 익
= [ ] + [ ] + [ ] + [ ]

認
알 인
= [ ] + [ ]

印
도장 인
= [ ] + [ ] + [ ]

引
끌 인
= [ ] + [ ]

將
장수 장
= [ ] + [ ] + [ ]

障
막을 장
= [ ] + [ ]

低
낮을 저
= [ ] + [ ]

敵
대적할 적
= [ ] + [ ]

田
밭 전
=

絶
끊을 절
= [ ] + [ ]

다음 漢字語의 讀音을 쓰세요.

월 일

收 益	認 識	印 章	木 印
引 上	引 導	名 將	將 來
障 壁	故 障	低 空	無 敵
田 園	絶 交	斷 絶	

 다음 漢字語를 漢字로 쓰세요.

거둘 수	이로울 익	알 인	알 식	도장 인	도장 장	끌 인	오를 상
이름날 명	장수 장	막을 장	벽 벽	낮을 저	하늘 공	없을 무	대적할 적
밭 전	동산 원	끊을 절	사귈 교	나무 목	도장 인	끌 인	인도할 도
장차 장	올 래	연고 고	장애 장	끊을 단	끊을 절		

01　높은 收益이 보장된 사업이다.

02　역사에 대한 認識이 없다.

03　저당 문서를 만들고 거기에 印章까지 찍어 주었으니 기한 내에 원금을 갚아야 한다.

04　나무도장을 木印이라 한다.

05　공공요금의 引上으로 서민 경제가 더 힘들어졌다.

06　그는 훌륭한 선생님을 만나 옳은 길로 引導된 이후 새사람이 되었다.

07　김유신은 신라의 名將이다.

08　정부나 국민들은 미군의 참전으로 처음에는 전쟁이 머지않은 將來에 끝나리라 생각했다.

09　그들은 시내와 요새 사이에 아주 높은 障壁을 세워 요새 안의 군인들을 고립시켰다.

10　라디오가 故障이 났는지 소리가 나지 않는다.

11　헬리콥터 두 대가 低空에서 날며 위협적인 프로펠러 폭음을 퍼부었다.

12　읍내에서 벌어진 씨름판에 출전해서 이십 명을 거꾸러뜨리고 단연 無敵이 되었다.

13　그는 부귀를 버리고 田園으로 돌아와서 청빈한 은거 생활로 일생을 보냈다.

14　그녀는 그와 絶交를 했다고 말했지만 얼마 후에 다시 그를 만났다.

15　세상과의 철저한 斷絶을 지키면서 수도를 한다는 것은 매우 어려운 일이다.

月 일

171 接 扌 8획	손(扌)으로 서서(立) 여자(女)가 대접하니
接	
대접할 이을 접	• 接待(접대) : 손님을 대접함 • 近接(근접) : 가까이 다가감

172 程 禾 7획	벼(禾)를 살펴 입(口)으로 크게(壬) 법칙에 따라 등급을 외치니
程	
법 한도 정	• 日程(일정) : 그 날에 할 일 • 程度(정도) : 알맞은 한도

173 政 攵 4획	바르게(正) 살도록 쳐(攵) 정사를 돌보니
政	
정사 정	• 行政(행정) : 정치를 행함 • 政府(정부) : 국가의 정책을 집행하는 행정부

174 精 米 8획	쌀(米)을 푸른(靑)빛이 날 정도로 찧어 깨끗하니
精	
깨끗할 자세할 정	• 精潔(정결) : 깨끗함 • 精讀(정독) : 자세하게 읽음

자원으로 한자 알기

* 손(   )으로 서서(立) 여자(女)가 대접하니   ☞

* 벼(   )를 살펴 입(口)으로 크게(壬) 법칙에 따라 등급을 외치니   ☞

* 바르게(正) 살도록 쳐(   ) 정사를 돌보니   ☞

* 쌀(   )을 푸른(靑)빛이 날 정도로 찧어 깨끗하니   ☞

175 制	刂 6획	사람(人)이 하나(一)의 헝겊(巾)을 칼(刂)로 잘라서 **마름질하니**						
		制						
마름질할 절제할	제	• 節制(절제) : 알맞게 조절함 • 自制(자제) : 자기 욕심, 감정을 억제함						

176 製	衣 8획	마름질하여(制) 옷(衣)을 **지으니**						
		製						
지을	제	• 製作(제작) : 물건을 만듦 • 製品(제품) : 원료를 써서 만들어 낸 물품						

177 濟	氵 14획	물(氵)결이 가지런하여(齊) 잔잔할 때 **건너니**						
		濟						
건널 구제할	제	• 救濟(구제) : 어려운 처지에 있는 사람을 도와줌 • 經世濟民(경세제민) : 세상을 다스리고 백성을 구제함						

178 提	扌 9획	손(扌)으로 옳은(是) 증거를 **드러내니**						
		提						
드러낼	제	• 提示(제시) : 드러내어 보임 • 提起(제기) : 의견이나 문제를 내놓음						

자원으로 한자 알기

* 사람(人)이 하나(一)의 헝겊(巾)을 칼(   )로 잘라서 **마름질하니**   ☞

* 마름질하여(制) 옷(   )을 **지으니**   ☞

* 물(   )결이 가지런하여(齊) 잔잔할 때 **건너니**   ☞

* 손(   )으로 옳은(是) 증거를 **드러내니**   ☞

134

179 祭	示 6획	고기(月)를 또(又) 신(示)에게 바치며 **제사**지내니					
		祭					
제사	**제**	• 祭禮(제례) : 제사의 예절 • 祭物(제물) : 제사에 쓰는 음식					

180 際	阝 11획	언덕(阝)에 모여 **제사**(祭) 지내며 **사귀니**					
		際					
사귈 때	**제**	• 交際(교제) : 서로 사귐 • 實際(실제) : 사실의 경우나 형편					

자원으로 한자 알기

＊ 고기(月)를 또(又) 신(   )에게 바치며 **제사**지내니   ☞

＊ 언덕(   )에 모여 제사(祭) 지내며 **사귀니**   ☞

一思多得

牛	+		=	牧(기를 목)	소(牛)를 쳐(攵) **기르니**
丩	+	攵	=	收(거둘 수)	곡식을 조각(丩)으로 쳐(攵) **거두니**
啇	+		=	敵(대적할 적)	하나(啇)같이 원수를 치며(攵) **대적하니**
正	+		=	政(정사 정)	바르게(正) 살도록 쳐(攵) **정사**를 돌보니

다음 漢字를 나누고 자원을 쓰면서 익히세요.

월   일

接 대접할 접 = [ ] + [ ] + [ ]

程 법 정 = [ ] + [ ] + [ ]

政 정사 정 = [ ] + [ ]

精 깨끗할 정 = [ ] + [ ]

制 마름질할 제 = [ ] + [ ] + [ ] + [ ]

製 지을 제 = [ ] + [ ]

濟 건널 제 = [ ] + [ ]

提 드러낼 제 = [ ] + [ ]

祭 제사 제 = [ ] + [ ] + [ ]

際 사귈 제 = [ ] + [ ]

다음 漢字語의 讀音을 쓰세요.

接 待	近 接	日 程	程 度
行 政	政 府	精 潔	精 讀
節 制	自 制	製 作	製 品
救 濟	提 示	提 起	祭 禮
祭 物	交 際	實 際	

 다음 漢字語를 漢字로 쓰세요.

대접할 접	대접할 대	날 일	할당할 정	행할 행	정사 정	깨끗할 정	깨끗할 결
절제할 절	절제할 제	지을 제	지을 작	구원할 구	구제할 제	드러낼 제	보일 시
제사 제	예도 례	사귈 교	사귈 제	가까울 근	이을 접	한도 정	정도 도
정사 정	관청 부	자세할 정	읽을 독	스스로 자	절제할 제	지을 제	물건 품
드러낼 제	일어날 기	제사 제	물건 물	실제 실	때 제		

01 손님을 극진히 接待하다.

02 우리의 생산 기술은 선진국 수준에 近接해 있다.

03 순회공연 日程은 크리스마스 때나 되어야 끝날 예정이다.

04 수해의 피해 程度에 따라 지원금이 달리 지급된다.

05 이 사안은 行政적으로 까다로운 문제이다.

06 政府는 중소기업 육성 방안을 마련 중이다.

07 새하얀 원고지는 고독한 심정이 오롯이 밝힌 영혼의 자리같이 精潔합니다.

08 그는 전에 건성으로 뛰어넘은 책들을 다시 한 번 精讀하였다.

09 다이어트를 위해 술과 음식을 節制하고 있다.

10 시민 단체는 호화 해외여행에 대한 自制를 촉구했다.

11 베스트셀러 소설이 영화로 製作되어 개봉 전부터 화제가 되었다.

12 우리 회사에서는 다양한 설문 조사를 통하여 소비자가 원하는 製品을 만든다.

13 많은 사람들을 실직에서 救濟하다.

14 근본적인 해결책 提示가 없이 정책이 겉돌고 있다.

15 그 시답잖은 문제 提起가 장시간을 끈 토론으로 번졌다.

16 고인의 영좌 앞에 밤새도록 소리를 하는 것으로 祭禮를 대신했다.

17 햇과일과 곡식으로 祭物을 정성스럽게 마련했다.

18 청춘 남녀가 交際하는 것은 지극히 자연스러운 일이다.

19 그 약은 광고는 거창하나 實際 효과를 보았다는 사람은 별로 없다.

181	除	阝	언덕(阝)에 남아(余) 있는 적을 제거하여 없애니					
		7획	除					
	덜 없앨	제						
			• 除去(제거) : 덜어 없앰 • 除外(제외) : 어떤 범위 밖에 둠					

182	助	力	또(且) 힘(力)써 도우니					
		5획	助					
	도울	조						
			• 助言(조언) : 도움말 • 内助(내조) : 아내가 남편을 도와줌					

183	早	日	해(日)가 땅(一)을 뚫고(丨) 이른 아침에 떠오르니					
		2획	早					
	이를	조						
			• 早期(조기) : 이른 시기 • 早産(조산) : 해산달이 차기 전에 아이를 낳음					

184	造	辶	계획을 알리고(告) 뛰어(辶)가 일을 이루니					
		7획	造					
	이룰 지을	조						
			• 造成(조성) : 만들어서 이룸 • 改造(개조) : 고쳐 다시 만듦					

자원으로 한자 알기

* 언덕(   )에 남아(余) 있는 적을 제거하여 없애니   ☞

* 또(且) 힘(   )써 도우니   ☞

* 해(   )가 땅(一)을 뚫고(丨) 이른 아침에 떠오르니   ☞

* 계획을 알리고(告) 뛰어(   )가 일을 이루니   ☞

185 鳥	鳥 0획	꽁지가 긴 **새**의 모양					
		鳥					
새	조	• 吉鳥(길조) : 길할 일이 일어남을 미리 알려주는 새 • 鳥足之血(조족지혈) : 아주 적은 분량을 비유하여 이르는 말					

186 尊	寸 9획	나누어(八) **술**(酉)을 **규칙**(寸)에 따라 윗사람에게 **높이** 바치니					
		尊					
높을	존	• 尊敬(존경) : 높여 공경함 • 尊貴(존귀) : 지위가 높고 귀함					

187 宗	宀 5획	**집**(宀)에서 잘 **보이는**(示) **마루**					
		宗					
마루 사당 교파	종	• 宗團(종단) : 종교 또는 종파의 단체 • 宗敎(종교) : 신의 힘이나 초자연적인 존재에 대한 신앙과 숭배					

188 走	走 0획	**땅**(土)을 **발**(止)로 **달리니**					
		走					
달릴	주	• 走者(주자) : 달리는 사람 • 走行(주행) : 주로 동력으로 움직이는 탈것이 달려 감					

자원으로 한자 알기

* 꽁지가 긴 **새**의 모양   ☞

* 나누어(八) **술**(酉)을 규칙(   ) 에 따라 윗사람에게 **높이** 바치니   ☞

* 집(   )에서 잘 보이는(示) **마루**   ☞

* 땅(土)을 발(止)로 **달리니**   ☞

189 竹	竹 0획	사람(ㅅ)이 송곳(丨)과 사람(ㅅ)이 갈고리(亅)를 만드는 **대나무** 모양					
		竹					
대 **죽**		• 竹刀(죽도) : 대나무로 만든 칼 • 竹馬故友(죽마고우) : 어렸을 때부터의 친한 벗					

190 準	氵 10획	물(氵) 위를 새(隹) 열(十) 마리가 **평평하게** 나니					
		準					
평평할 법도 **준**		• 平準(평준) : 사물을 균일하게 조정함 • 基準(기준) : 사물의 기본이 되는 표준					

자원으로 한자 알기

* 사람(ㅅ)이 송곳(丨)과 사람(ㅅ)이 갈고리(亅)를 만드는 **대나무** 모양 ☞

* 물(   ) 위를 새(隹) 열(十) 마리가 **평평하게** 나니 ☞

一思多得

食	+	余	=	餘(남을 여)	밥(食)을 **남기니**(余)
阝	+		=	除(없앨 제)	언덕(阝)에 남아(余) 있는 적을 **제거하여 없애니**

工	+	力	=	功(공 공)	만드는(工) 일에 힘(力)써 **공을 세우니**
且	+		=	助(도울 조)	또(且) 힘(力)써 **도우니**

林	+	示	=	禁(금할 금)	숲(林)은 보기만(示) 할 뿐 출입을 **금하니**
宀	+		=	宗(마루 종)	집(宀)에서 잘 보이는(示) **마루**

除
없앨 제   = ☐ + ☐

助
도울 조   = ☐ + ☐

早
이를 조   = ☐ + ☐ + ☐

造
지을 조   = ☐ + ☐

鳥
새 조   =

尊
높을 존   = ☐ + ☐ + ☐

宗
마루 종   = ☐ + ☐

走
달릴 주   =

竹
대 죽   =

準
평평할 준   = ☐ + ☐ + ☐

다음 漢字語의 讀音을 쓰세요.

除 去	除 外	助 言	內 助
早 期	早 産	造 成	改 造
吉 鳥	尊 敬	尊 貴	宗 團
宗 敎	走 者	走 行	竹 刀
平 準	基 準		

 다음 漢字語를 漢字로 쓰세요.

덜 제 없앨 거	도울 조 말씀 언	이룰 조 때 기	이룰 조 이룰 성
길할 길 새 조	높을 존 공경할 경	종교 종 단체 단	달릴 주 놈 자
대 죽 칼 도	평평할 평 평평할 준	제외할 제 바깥 외	아내 내 도울 조
이를 조 낳을 산	고칠 개 지을 조	높을 존 귀할 귀	종교 종 종교 교
달릴 주 다닐 행	터 기 표준 준		

01 냉장고에 냄새를 **除去**하는 방향제를 넣어 두었다.

02 경찰은 혐의가 없다고 판단하여 그를 수사 대상에서 **除外**하였다.

03 전문가들은 부모들에게 자녀와 대화할 기회를 수시로 마련해야 한다고 **助言**한다.

04 그가 성공하기까지는 남편을 **內助**한 부인의 공이 크다.

05 질병은 **早期**에 발견해야 치료가 쉽다.

06 고령의 임산부가 칠 개월 만에 미숙아를 **早産**하였다.

07 시장은 대규모 유원지 **造成**을 추진하고 있다.

08 학교를 병원으로 **改造**하면서 교무실과 교장실이 응급 처치실과 수술실로 되었다.

09 우리나라에서는 까치를 **吉鳥**로 여기고 있다.

10 그는 강직하고 신념이 투철해서 모든 친구들로부터 **尊敬**과 신뢰를 받아 왔다.

11 모든 사람은 다 **尊貴**한 것이고, 그러므로 똑같이 존중받아야만 한다.

12 이번 일은 **宗團**의 결정에 따라야 한다.

13 그가 이 어려움을 극복하는 데는 **宗敎**적인 힘이 컸다.

14 마지막 **走者**가 방금 결승점에 도착했다.

15 과속으로 **走行**하면 연료의 낭비가 심하다.

16 검도는 **竹刀**를 이용해서 하는 운동으로 집중력 강화에 좋다.

17 자유 경쟁을 조절해서 국민 생활 전체를 **平準**한 방향으로 끌고 가야 한다.

18 시간급제는 종업원이 일한 시간을 **基準**으로 하여 임금이 지급되는 것이다.

191 衆 무리 중	血 6획	피(血)로 맺어진 돼지(豕) **무리**					
		衆					
		• 觀衆(관중) : 구경하는 무리 • 衆口難防(중구난방) : 여러 사람의 입을 막기가 어려움					

192 增 더할 증	土 12획	흙(土)을 **거듭**(曾) 쌓아 **더하니**					
		增					
		*曾(거듭 증) : 여덟(八) 명이 울타리(口)인 마음(㇀)을 열고 말(曰)을 거듭하니 • 增員(증원) : 사람을 늘림					

193 指 가리킬 손가락 지	扌 6획	손(扌)을 **구부려**(匕) 말(曰)한 곳을 **가리키니**					
		指					
		• 指定(지정) : 가리켜 정함 • 中指(중지) : 가운뎃손가락					

194 志 뜻 지	心 3획	선비(士)가 마음(心)에 품은 **뜻**					
		志					
		• 同志(동지) : 뜻이 서로 같은 사람 • 意志(의지) : 어떠한 일을 이루고자 하는 마음					

자원으로 한자 알기

* 피(   )로 맺어진 돼지(豕) **무리**   ☞

* 흙(   )을 거듭(曾) 쌓아 **더하니**   ☞

* 손(   )을 구부려(匕) 말(曰)한 곳을 **가리키니**   ☞

* 선비(士)가 마음(   )에 품은 **뜻**   ☞

195	支	支 0획	열(十) 개씩 또(又) 나누어 가르니
			支
	가를 줄	지	• 支流(지류) : 갈라져 나간 물줄기 • 支給(지급) : 물건이나 돈을 치러 줌

196	至	至 0획	하나(一)의 내(厶) 땅(土)에 이르니
			至
	이를 지극할	지	• 至當(지당) : 아주 당연함 • 至大(지대) : 더할 수 없이 아주 큼

197	職	耳 12획	귀(耳)로 소리(音)를 듣고 창(戈)을 들고 지키는 직분
			職
	직분	직	• 職務(직무) : 담당해 맡은 사무 • 職場(직장) : 직업을 가지고 일하는 곳

198	進	辶 8획	새(隹)가 뛰어(辶) 나아가니
			進
	나아갈	진	• 進路(진로) : 나아갈 길 • 進級(진급) : 등급, 계급 등이 오름

자원으로 한자 알기

* 열(十) 개씩 또(又) 나누어 가르니   ☞

* 하나(一)의 내(厶) 땅(土)에 이르니   ☞

* 귀(   )로 소리(音)를 듣고 창(戈)을 들고 지키는 직분   ☞

* 새(隹)가 뛰어(   ) 나아가니   ☞

199 眞 참　진	目 5획	구부려(匕) 눈(目)을 바라보고 **숨어**(乚) 있는 **여덟**(八) 명이 **참되니**						
		眞						
		• 眞理(진리) : 참된 도리 • 眞實(진실) : 거짓이 없이 바르고 참됨						

200 次 다음　차	欠 2획	피곤하여 **두**(二) 번이나 **하품**(欠)하고 **다음**으로 미루니						
		次						
		• 次女(차녀) : 둘째 딸 • 次期(차기) : 다음 시기						

자원으로 한자 알기

* 구부려(匕) 눈(　　　)을 바라보고 숨어(乚) 있는 여덟(八) 명이 **참되니**　　☞

* 피곤하여 두(二) 번이나 하품(　　　)하고 **다음**으로 미루니　　☞

一思多得

士	+ 口 =	吉(길할 길)	선비(士)가 입(口)으로 **좋은** 말을 하니
	+ 心 =	志(뜻 지)	선비(士)가 마음(心)에 품은 **뜻**

197. 職(직분 직)　識(알 식) 잘 구별하세요.

職(직분 직) : 귀(耳)로 소리(音)를 듣고 창(戈)을 들고 지키는 **직분**

識(알 식) : 말(言)이나 소리(音)를 창(戈)으로 **알게 기록하니**

199. 眞(참 진)　直(곧을 직) 잘 구별하세요.

眞(참 진) : 구부려(匕) 눈(目)을 바라보고 숨어(乚) 있는 여덟(八) 명이 **참되니**

直(곧을 직) : 열(十) 명의 눈(目)으로 찾으면 숨어(乚) 있는 것도 **곧바로** 찾으니

다음 漢字를 나누고 자원을 쓰면서 익히세요.

眾
무리 중
= □ + □

增
더할 증
= □ + □

指
가리킬 지
= □ + □ + □

志
뜻 지
= □ + □

支
가를 지
= □ + □

至
이를 지
= □ + □ + □

職
직분 직
= □ + □ + □

進
나아갈 진
= □ + □

眞
참 진
= □ + □ + □ + □

次
다음 차
= □ + □

다음 漢字語의 讀音을 쓰세요.

觀	衆	增	員	指	定	中	指
同	志	意	志	支	流	支	給
至	當	至	大	職	務	職	場
進	路	進	級	眞	理	眞	實
次	女	次	期				

 다음 漢字語를 漢字로 쓰세요.

볼 관	무리 중	더할 증	인원 원	가리킬 지	정할 정	같을 동	뜻 지
가를 지	흐를 류	지극할 지	마땅 당	직분 직	업무 무	나아갈 진	길 로
참 진	이치 리	다음 차	계집 녀	가운데 중	손가락 지	뜻 의	뜻 지
지출 지	줄 급	지극할 지	큰 대	직분 직	마당 장	나아갈 진	등급 급
참 진	실제 실	다음 차	때 기				

01　觀衆들의 환호에 배우들은 피곤한 줄도 몰랐다.

02　그들은 신입생 增員 문제로 학교 재단 측과 협의 중이다.

03　이곳은 주거 용지로 指定된 곳이라 공장이 들어설 수 없다.

04　건설 현장에서 일하시던 아빠는 中指가 절단되는 사고로 봉합 수술을 받았다.

05　과거에는 적이었던 포로들이 지금은 자기편을 등지고 우리의 同志로 변해 버렸다.

06　그는 이번 일을 성사시키려는 意志를 보였다.

07　하늘에서 내려다본 인더스 강 상류에는 손바닥의 손금 같은 支流가 펼쳐져 있다.

08　이번 달에는 모든 사원에게 특별 보너스가 支給되었다.

09　역모를 꾸민 자에게 벌을 준다 함은 백 번 至當하신 말씀입니다.

10　피카소는 현대 미술에 至大한 영향을 끼쳤다.

11　위 사람은 맡은 바 職務에 충실하였으므로 이 상장을 수여합니다.

12　그는 아침 일찍 職場으로 출근했다.

13　북상하던 태풍의 進路가 바뀌었다.

14　소령에서 중령으로 進級하다.

15　그는 평생을 眞理 탐구에 진력했다.

16　이번 사건의 眞實이 언젠가는 드러나고 말 것이다.

17　나는 3남 2녀 중 次女이다.

18　회사는 次期 경영권 문제로 어수선하다.

151 울타리(　　)를 관원(員)들이 **둥글게** 에워싸니　　　　　　　☞

152 다니며(　　) 위대한(韋) 사람을 **지키니**　　　　　　　☞

153 손톱(　　)으로 원숭이가 머리를 긁는 모양으로 **하다**라는 뜻을 나타냄　　　　　　　☞

154 성(冂)에서 사람(人)과 사람(人)들이 즐겨 먹는 **고기**를 자른 모양　　　　　　　☞

155 의지하는(因) 사람을 마음(　　)으로 **은혜**롭게 여기니　　　　　　　☞

156 언덕(　　)이 지금(今) 구름(云)에 가려 **그늘**지니　　　　　　　☞

157 큰집(宀)에서 사람(亻)이 기르는 새(隹)가 주인의 마음(　　)에 **응하니**　　　　　　　☞

158 양(　　)처럼 나(我)는 **옳게** 살아야지　　　　　　　☞

159 말(　　)하여 옳은(義) 결정을 하려고 **의논하니**　　　　　　　☞

160 벼(　　)가 많이(多) 자라서 **옮겨** 심으니　　　　　　　☞

161 음식을 나누고(八) 한(一) 번 더 나누어(八) 그릇(　　)에 **더하니**　　　　　　　☞

162 말(　　)을 참고(忍) 상대방 말을 끝까지 들어서 **알아** 인정하니　　　　　　　☞

163 사람(亻) 두(二) 명이 무릎(　　) 꿇고 계약서에 찍는 **도장**　　　　　　　☞

164 활(　　)로 송곳(丨) 같은 화살을 쏘려고 **끌어**당기니　　　　　　　☞

165 **장수**(爿)의 몸(月)이 되어 부하를 규칙(　　)에 따라 지휘하니　　　　　　　☞

166 위험한 언덕(　　)에 글(韋)을 써 붙여 길을 **막으니**　　　　　　　☞

167 사람(　　)은 겸손하려고 자신을 낮게(氐) **낮추니**　　　　　　　☞

168 하나(商)같이 **원수**를 치며(　　) 대적하니　　　　　　　☞

169 경계 지은 **밭**의 모양　　　　　　　☞

170 실(　　)에 색(色)을 들이려고 알맞은 크기로 **끊으니**　　　　　　　☞

171 손(　　)으로 서서(立) 여자(女)가 **대접하니**　　　　　　　☞

172 벼(　　)를 살펴 입(口)으로 크게(壬) **법칙**에 따라 등급을 외치니　　　　　　　☞

173 바르게(正) 살도록 쳐(　　) **정사**를 돌보니　　　　　　　☞

174 쌀(　　)을 푸른(靑)빛이 날 정도로 찧어 **깨끗하니**　　　　　　　☞

175 사람(人)이 하나(一)의 헝겊(巾)을 칼(　　)로 잘라서 **마름질하니**　　　　　　　☞

176 마름질하여(制) 옷(　　　)을 **지으니**   ☞

177 물(　　　)결이 가지런하여(齊) 잔잔할 때 **건너니**   ☞

178 손(　　　)으로 옳은(是) 증거를 **드러내니**   ☞

179 고기(月)를 또(又) 신(　　　)에게 바치며 **제사**지내니   ☞

180 언덕(　　　)에 모여 제사(祭) 지내며 **사귀니**   ☞

181 언덕(　　　)에 남아(余) 있는 적을 **제거하여 없애니**   ☞

182 또(且) 힘(　　　)써 **도우니**   ☞

183 해(　　　)가 땅(一)을 뚫고(丨) **이른** 아침에 떠오르니   ☞

184 계획을 알리고(告) 뛰어(　　　)가 일을 **이루니**   ☞

185 꽁지가 긴 **새**의 모양   ☞

186 나누어(八) 술(酉)을 규칙(　　　)에 따라 윗사람에게 **높이** 바치니   ☞

187 집(　　　)에서 잘 보이는(示) **마루**   ☞

188 땅(土)을 발(㐷)로 **달리니**   ☞

189 사람(𠂉)이 송곳(丨)과 사람(𠂉)이 갈고리(亅)를 만드는 **대나무** 모양   ☞

190 물(　　　) 위를 새(隹) 열(十) 마리가 **평평하게** 나니   ☞

191 피(　　　)로 맺어진 돼지(豕) **무리**   ☞

192 흙(　　　)을 거듭(曾) 쌓아 **더하니**   ☞

193 손(　　　)을 구부려(匕) 말(曰)한 곳을 **가리키니**   ☞

194 선비(士)가 마음(　　　)에 품은 **뜻**   ☞

195 열(十) 개씩 또(又) 나누어 **가르니**   ☞

196 하나(一)의 내(厶) 땅(土)에 **이르니**   ☞

197 귀(　　　)로 소리(音)를 듣고 창(戈)을 들고 지키는 **직분**   ☞

198 새(隹)가 뛰어(　　　) **나아가니**   ☞

199 구부려(匕) 눈(　　　)을 바라보고 숨어(乚) 있는 여덟(八) 명이 **참되니**   ☞

200 피곤하여 두(二) 번이나 하품(　　　)하고 **다음**으로 미루니   ☞

圓	衛	爲	肉	恩	陰	應
義	議	移	益	認	印	引
將	障	低		敵	田	絶
接	程				政	精
制						製
濟	提				祭	際
除	助	早		造	鳥	尊
宗	走	竹	準	衆	增	指
志	支	至	職	進	眞	次

151-200번 익히기

둥글 원	지킬 위	할 위	고기 육	은혜 은	그늘 음	응할 응
옳을 의	의논할 의	옮길 이	더할 익	알 인	도장 인	끌 인
장수 장	막을 장	낮을 저		대적할 적	밭 전	끊을 절
이을 접	한도 정				정사 정	깨끗할 정
절제할 제						지을 제
건널 제	드러낼 제				제사 제	사귈 제
덜 제	도울 조	이룰 조		지을 조	새 조	높을 존
마루 종	달릴 주	대 죽	평평할 준	무리 중	더할 증	가리킬 지
뜻 지	가를 지	이를 지	직분 직	나아갈 진	참 진	다음 차

151-200번
익히기

154

201	察	宀 11획	집(宀)에서 **제사**(祭) 지낼 때 소홀함이 없도록 살피니					
			察					
	살필	**찰**	• 省察(성찰) : 반성하여 살핌 • 監察(감찰) : 감시하여 살핌					

202	創	刂 10획	창고(倉)에서 곡물을 꺼내 **칼**(刂)로 요리를 시작하니					
			創					
	시작할	**창**	*倉(곳집 창) : 사람(人)이 점(丶) 같은 작은 문(戶)을 달고 입구(口)를 낸 창고 • 創業(창업) : 사업을 시작함					

203	處	虍 5획	범(虍)처럼 **천천히 걸어**(夂)가 **책상**(几)이 있는 **곳**에서 일을 처리하니					
			處					
	곳 처리할	**처**	• 近處(근처) : 가까운 곳 • 處理(처리) : 일을 다스려 치르거나 마무리를 지음					

204	請	言 8획	말(言)하여 어른께 **젊은이**(靑)가 청하니					
			請					
	청할	**청**	• 請求(청구) : 달라고 요구함 • 申請(신청) : 신고하여 청구함					

자원으로 한자 알기

* 집(   )에서 제사(祭) 지낼 때 소홀함이 없도록 살피니   ☞

* 창고(倉)에서 곡물을 꺼내 칼(   )로 요리를 시작하니   ☞

* 범(   )처럼 천천히 걸어(夂)가 책상(几)이 있는 **곳**에서 일을 처리하니   ☞

* 말(   )하여 어른께 젊은이(靑)가 청하니   ☞

205	總	糸 11획	실(糸)과 끈(丿)을 모아 울타리(口)를 치며 서서히(夂) 마음(心)을 **다** 모으니
		總	
	다	총	• 總力(총력) : 모든 힘 • 總計(총계) : 전체를 통틀어 계산함

206	銃	金 6획	쇠(金)로 만들어 탄약을 **채워**(充) 쓰는 **총**
		銃	
	총	총	• 銃聲(총성) : 총소리 • 銃器(총기) : 소총, 권총 등의 병기

207	蓄	艹 10획	풀(艹)을 짐승(畜)에게 주려고 **모으니**
		蓄	
	모을	축	*畜(짐승 축) : 검은(玄) 밭(田)에서 기르는 짐승 • 蓄財(축재) : 재물을 모음

208	築	竹 10획	대나무(⺮)로 장인(工)이 무릇(凡) 나무(木)처럼 **쌓아** 집을 **지으니**
		築	
	쌓을 지을	축	• 建築(건축) : 건물을 만드는 일 • 增築(증축) : 집 따위를 더 늘려 지음

자원으로 한자 알기

* 실(   )과 끈(丿)을 모아 울타리(口)를 치며 서서히(夂) 마음(心)을 **다** 모으니   ☞

* 쇠(   )로 만들어 탄약을 채워(充) 쓰는 **총**   ☞

* 풀(   )을 짐승(畜)에게 주려고 **모으니**   ☞

* 대나무(   )로 장인(工)이 무릇(凡) 나무(木)처럼 **쌓아** 집을 **지으니**   ☞

209 忠 心 4획	가운데(中) 마음(心)에서 우러나오는 **충성**
	忠						

충성 충

- 忠言(충언) : 충고하는 말
- 忠孝(충효) : 충성과 효도

210 蟲 虫 12획	벌레(虫)가 모여 있는 모양
	蟲						

벌레 충

- 殺蟲(살충) : 벌레를 죽임
- 毒蟲(독충) : 독을 가진 벌레

자원으로 한자 알기

＊ 가운데(中) 마음(　　)에서 우러나오는 **충성**　　　　　　　☞

＊ **벌레**(　　)가 모여 있는 모양　　　　　　　☞

一思多得

氵	+		=	淸(맑을 청)	물(氵)의 색이 푸르러(靑) **맑고 깨끗하니**
米	+	靑	=	精(깨끗할 정)	쌀(米)을 푸른(靑)빛이 날 정도로 찧어 **깨끗하니**
言	+		=	請(청할 청)	말(言)하여 어른께 젊은이(靑)가 **청하니**

察
살필 **찰**
= ☐ + ☐

創
시작할 **창**
= ☐ + ☐

處
곳 **처**
= ☐ + ☐ + ☐

請
청할 **청**
= ☐ + ☐

總
다 **총**
= ☐ + ☐ + ☐ + ☐ + ☐

銃
총 **총**
= ☐ + ☐

蓄
모을 **축**
= ☐ + ☐

築
쌓을 **축**
= ☐ + ☐ + ☐ + ☐

忠
충성 **충**
= ☐ + ☐

蟲
벌레 **충**
= ☐

다음 漢字語의 讀音을 쓰세요.

省	察	監	察	創	業	近	處
處	理	請	求	申	請	總	力
總	計	銃	聲	銃	器	蓄	財
建	築	增	築	忠	言	忠	孝
殺	蟲	毒	蟲				

 다음 漢字語를 漢字로 쓰세요.

살필 성	살필 찰	시작할 창	일 업	가까울 근	곳 처	청할 청	구할 구
다 총	힘 력	총 총	소리 성	모을 축	재물 재	세울 건	쌓을 축
충성 충	말씀 언	죽일 살	벌레 충	살필 감	살필 찰	처리할 처	다스릴 리
아뢸 신	청할 청	다 총	셈 계	총 총	도구 기	더할 증	지을 축
충성 충	효도 효	독 독	벌레 충				

01 수도자는 자신의 내면적인 省察과 자각을 게을리 하지 않아야 한다.

02 감사원은 앞으로 공직자들의 비리를 철저히 監察할 것이라고 발표했다.

03 그 회사는 創業 이래 최대의 고비를 맞고 있다.

04 사기를 치고 도망 중인 그는 경찰서 近處에는 얼씬도 하지 못했다.

05 새 컴퓨터는 處理 속도가 빨랐다.

06 종이가 모자라면 請求하시오.

07 과장에게 이틀 동안 휴가를 申請하다.

08 우리 회사는 수출에 總力을 기울여 수출 1위를 되찾기로 했다.

09 지엔피(GNP)란 한 나라에서 생산된 재화와 서비스의 가치를 總計한 것이다.

10 사병들이 요란한 銃聲에 놀라 갈팡질팡 어둠 속을 뛰고 있다.

11 체포 당시 범인은 銃器를 소지하고 있었다.

12 그는 蓄財하는 데 비상한 재능이 있었다.

13 그 성당은 100년에 걸쳐 建築되었다.

14 학생 수가 점점 늘어 감에 따라 학교를 增築할 필요가 있었다.

15 역적으로 몰리는 한이 있어도 국왕께 忠言을 드리는 것이 신하의 도리이다.

16 忠孝는 백행의 근본이다.

17 지금이 아니면 殺蟲해야 할 시기를 놓치게 된다.

18 진드기나 거머리나 毒蟲들이 내 온몸에 달라붙어 쏘아대는 것 같았다.

211 取	又 6획	적을 죽인 표시로 **귀**(耳)를 잘라 **또**(又) **취하여 가지니**					
		取					
취할 기질	취	• 受取(수취) : 받아서 가짐 • 取得(취득) : 자기 소유로 함					

212 測	氵 9획	물(氵)의 양을 **법칙**(則)에 맞게 **헤아리니**					
		測					
헤아릴	측	• 測定(측정) : 헤아려서 정함 • 測量(측량) : 기기를 써서 물건의 높이, 깊이, 넓이 따위를 잼					

213 置	罒 8획	그물(罒)을 **곧게**(直) 펴 **두니**					
		置					
둘	치	• 放置(방치) : 내버려 둠 • 位置(위치) : 일정한 곳에 자리를 차지함					

214 治	氵 5획	물(氵)을 **사사로이**(厶) **입**(口)으로 마실 수 있도록 **다스리니**					
		治					
다스릴	치	• 完治(완치) : 병을 완전히 낫게 함 • 治安(치안) : 나라를 잘 다스려 평안하게 함					

자원으로 한자 알기

* 적을 죽인 표시로 귀(耳)를 잘라 또(   ) **취하여 가지니**   ☞

* 물(   )의 양을 법칙(則)에 맞게 **헤아리니**   ☞

* 그물(   )을 곧게(直) 펴 **두니**   ☞

* 물(   )을 사사로이(厶) 입(口)으로 마실 수 있도록 **다스리니**   ☞

215 **齒** 齒 0획 이 치

그쳐(止) 있는 **윗니**(ㅅㅅ)와 **아랫니**(ㅅㅅ)가 **입**(凵) 안에 나 있는 **이**의 모양

齒

- 蟲齒(충치) : 벌레 먹은 이
- 齒科(치과) : 이를 전문으로 치료하고 연구하는 의학의 한 분야

216 **侵** 亻 7획 침노할 침

사람(亻)이 **손**(彐)으로 복면을 **덮어**(冖) 쓰고 **또**(又) **침입하니**

侵

- 侵入(침입) : 침범하여 들어감
- 侵害(침해) : 침범하여 해를 끼침

217 **快** 忄 4획 시원할 쾌

막혔던 **마음**(忄)이 **터진**(夬) 듯 속이 **시원하니**

快

- 快感(쾌감) : 상쾌하고 좋은 느낌
- 快樂(쾌락) : 기분이 좋고 즐거움

218 **態** 心 10획 모습 태

능히(能) 할 수 있다는 **마음**(心)이 드러난 **모습**

態

- 動態(동태) : 움직이는 상태
- 形態(형태) : 사물의 생김새

자원으로 한자 알기

* 그쳐(止) 있는 윗니(ㅅㅅ)와 아랫니(ㅅㅅ)가 입(凵) 안에 나 있는 **이**의 모양 ☞
* 사람(　　)이 손(彐)으로 복면을 덮어(冖) 쓰고 또(又) **침입하니** ☞
* 막혔던 마음(　　)이 터진(夬) 듯 속이 **시원하니** ☞
* 능히(能) 할 수 있다는 마음(　　)이 드러난 **모습** ☞

219 統	糸 6획	실(糸)을 가득(充) 합쳐 거느리니
		統
합칠 거느릴	통	• 統一(통일) : 하나로 합침 • 統合(통합) : 모두 합쳐서 하나로 모음

220 退	辶 6획	일을 그치고(艮) 뛰어(辶) 물러나니
		退
물러날	퇴	• 退場(퇴장) : 무대 등에서 물러나옴 • 退治(퇴치) : 물리쳐서 아주 없애 버림

자원으로 한자 알기

＊ 실(   )을 가득(充) 합쳐 거느리니   ☞

＊ 일을 그치고(艮) 뛰어(   ) 물러나니   ☞

一思多得

四	+	糸 隹	=	羅(벌일 라)	그물(罒)을 실(糸)로 짜 새(隹)를 잡으려고 벌여 놓으니
	+	言 刂	=	罰(벌할 벌)	법망(罒)에 걸린 자를 말(言)과 칼(刂)로 벌하니
	+	直	=	置(둘 치)	그물(罒)을 곧게(直) 펴 두니

氵	+		=	決(정할 결)	물(氵) 흐르듯 마음을 터놓고(夬) 결단하여 정하니
缶	+	夬	=	缺(이지러질 결)	장군(缶)이 터져(夬) 이지러지고 내용물이 빠지니
忄	+		=	快(시원할 쾌)	막혔던 마음(忄)이 터진(夬) 듯 속이 시원하니

| 金 | + | | = | 銃(총 총) | 쇠(金)로 만들어 탄약을 채워(充) 쏘는 총 |
| 糸 | + | 充 | = | 統(합칠 통) | 실(糸)을 가득(充) 합쳐 거느리니 |

取
가질 취

= ☐ + ☐

測
헤아릴 측

= ☐ + ☐

置
둘 치

= ☐ + ☐

治
다스릴 치

= ☐ + ☐ + ☐

齒
이 치

=

侵
침노할 침

= ☐ + ☐ + ☐ + ☐

快
시원할 쾌

= ☐ + ☐

態
모습 태

= ☐ + ☐

統
거느릴 통

= ☐ + ☐

退
물러날 퇴

= ☐ + ☐

다음 漢字語의 讀音을 쓰세요.

受 取	取 得	測 定	測 量
放 置	位 置	完 治	治 安
蟲 齒	齒 科	侵 入	侵 害
快 感	快 樂	動 態	形 態
統 一	統 合	退 場	退 治

 다음 漢字語를 漢字로 쓰세요.

받을 수 가질 취	헤아릴 측 정할 정	놓을 방 둘 치	완전할 완 다스릴 치
벌레 충 이 치	침노할 침 들 입	시원할 쾌 느낄 감	움직일 동 모습 태
합칠 통 한 일	물러날 퇴 마당 장	가질 취 얻을 득	헤아릴 측 헤아릴 량
자리 위 둘 치	다스릴 치 편안할 안	이 치 과목 과	침노할 침 해할 해
시원할 쾌 즐길 락	모양 형 모습 태	합칠 통 합할 합	물리칠 퇴 다스릴 치

01 삼촌은 보내온 선물을 受取하지 않고 되돌려 보냈다.

02 그는 운전면허증을 取得하고 바로 차를 샀다.

03 간호사는 온도계로 체온을 測定하였다.

04 철도 부설 예정지를 답사 測量하기 시작했다.

05 고장 난 문을 고치지 않고 그 상태로 放置해 두었더니 열 때마다 소리가 났다.

06 나침반조차 없이 줄곧 산으로만 이동해 온 그들은, 현재의 位置가 어디쯤인지 전혀 몰랐다.

07 그는 병가를 무기한으로 얻을 수 없기 때문에 아직 完治되지 않은 몸으로 출근했다.

08 끝까지 농성을 벌여 治安을 혼란시킨다면 한 사람도 남김없이 준엄하게 다스릴 것이다.

09 평상시 양치하는 습관을 잘 들여 蟲齒를 예방해야 한다.

10 齒科에 가서 사랑니를 뽑았다.

11 중환자실은 세균의 侵入을 막기 위하여 철저하게 외부와 격리되어 있다.

12 무분별한 CCTV 설치로 사생활 侵害가 우려된다.

13 공포 영화를 보면 스릴과 快感을 맛볼 수 있다.

14 한 권의 양서를 읽는다는 것은 우리 인간이 누릴 수 있는 快樂 중 하나이다.

15 왜적들은 화살이 뜸하면 또다시 이편의 動態를 엿보느라고 몇 명씩 강가로 기어 나왔다.

16 이번에 출토된 유물은 지난번 것과 形態가 유사하다.

17 우리나라가 統一되는 날 가장 기뻐할 이는 아마도 이산가족일 것이다.

18 지도자는 국민 개개인의 힘을 統合할 수 있는 정치력을 발휘해야 한다.

19 연극이 끝나자 관객들이 退場하기 시작했다.

20 섬나라 일본한테 붙어서 종사를 위태롭게 하고 있는 무리들을 退治해야 한다.

221 波 5획	氵	물(氵)의 **가죽**(皮)에서 이는 **물결**
		波
물결 **파**		• 波高(파고) : 물결의 높이 • 平地風波(평지풍파) : 뜻밖에 분쟁이 일어남을 비유적으로 이르는 말

222 破 5획	石	돌(石)의 **가죽**(皮)은 단단하여 **깨지니**
		破
깨뜨릴 **파**		• 破格(파격) : 격식을 깨뜨림 • 破産(파산) : 재산을 모두 잃고 망함

223 包 3획	勹	허물에 **싸여**(勹) 있는 **뱀**(巳)
		包
쌀 **포**		• 內包(내포) : 어떤 성질이나 뜻을 그 속에 지님 • 包容(포용) : 남을 너그럽게 감싸주거나 받아들임

224 砲 5획	石	돌(石)을 **싸**(包) **대포**처럼 쏘니
		砲
대포 **포**		• 發砲(발포) : 대포를 쏨 • 祝砲(축포) : 축하의 뜻으로 쏘는 공포

자원으로 한자 알기

* 물(   )의 **가죽**(皮)에서 이는 **물결**   ☞

* 돌(   )의 **가죽**(皮)은 단단하여 **깨지니**   ☞

* 허물에 **싸여**(   ) 있는 뱀(巳)   ☞

* 돌(   )을 **싸**(包) **대포**처럼 쏘니   ☞

225 布	巾 2획	손(ナ)으로 **수건**(巾)을 짜 **펼치니**	布						
펼 **포** 보시 **보**		• 布教(포교) : 종교를 널리 펌 • 分布(분포) : 흩어져 퍼져 있음							

226 暴	日 11획	해(日)와 **함께**(共) 물(氺)은 **사납고** 세차니	暴						
사나울 **포** **폭**		• 暴惡(포악) : 사납고 악함 • 暴言(폭언) : 난폭하게 하는 말							

227 票	示 6획	덮어도(覀) 잘 **보이도록**(示) 표를 달아 **표시하니**	票						
표 표시할 **표**		• 票決(표결) : 투표를 하여 결정함 • 車票(차표) : 차를 타기 위하여 돈을 주고 산 표							

228 豊	豆 6획	몸을 **구부리고**(曲) 제기(표)에 음식을 **풍성하게** 담으니	豊						
풍성할 풍년 **풍**		• 豊富(풍부) : 넉넉하고 많음 • 豊年(풍년) : 농사가 잘된 해							

자원으로 한자 알기

* 손(ナ)으로 수건(   )을 짜 **펼치니**   ☞

* 해(   )와 함께(共) 물(氺)은 **사납고** 세차니   ☞

* 덮어도(覀) 잘 보이도록(   ) 표를 달아 **표시하니**   ☞

* 몸을 구부리고(曲) 제기(   )에 음식을 **풍성하게** 담으니   ☞

229 限	阝 6획	언덕(阝)이 **그쳐**(艮) 길을 막아 갈 길이 **한정되니**					
		限					
한정 한계	**한**	• 無限(무한) : 한이 없음 • 限界(한계) : 사물의 정해 놓은 범위					

230 航	舟 4획	배(舟)에 **높게**(亢) 돛을 달고 바다를 **건너니**					
		航					
건널	**항**	*亢(높을 항) : 머리(亠)에 닿을 정도로 책상(几)이 높으니 • 航海(항해) : 바다를 건넘					

자원으로 한자 알기

* 언덕(　　　)이 그쳐(艮) 길을 막아 갈 길이 **한정되니**　　　☞

* 배(　　　)에 높게(亢) 돛을 달고 바다를 **건너니**　　　☞

一思多得

氵	+		=	波(물결 파)	물(氵)의 가죽(皮)에서 이는 **물결**
石	+	皮	=	破(깨뜨릴 파)	돌(石)의 가죽(皮)은 단단하여 **깨지니**

癶	+		=	登(오를 등)	제사 지내려고 걸어(癶)서 제기(묘)를 들고 신전에 **오르니**
曲	+	豆	=	豊(풍성할 풍)	몸을 구부리고(曲) 제기(묘)에 음식을 **풍성하게** 담으니

木	+		=	根(뿌리 근)	나무(木)가 제자리에 그쳐(艮) 있는 것은 **뿌리** 때문이니
金	+		=	銀(은 은)	금(金) 다음에 그쳐(艮) 있는 **은**
丶	+	艮	=	良(어질 량)	점(丶) 같은 작은 잘못도 그치니(艮) **어질고 좋다.**
目	+		=	眼(눈 안)	눈(目)구멍에 그쳐(艮) 있는 **눈**
阝	+		=	限(한정 한)	언덕(阝)이 그쳐(艮) 길을 막아 갈 길이 **한정되니**

波
물결 파
= □ + □

破
깨뜨릴 파
= □ + □

包
쌀 포
= □ + □

砲
대포 포
= □ + □

布
펼 포
= □ + □

暴
사나울 폭
= □ + □ + □

票
표 표
= □ + □

豊
풍성할 풍
= □ + □

限
한정 한
= □ + □

航
건널 항
= □ + □

다음 漢字語의 讀音을 쓰세요.

波 高	破 格	破 産	内 包
包 容	發 砲	祝 砲	布 教
分 布	暴 惡	暴 言	票 決
車 票	豊 富	豊 年	無 限
限 界	航 海		

 다음 漢字語를 漢字로 쓰세요.

물결 파	높을 고	깨뜨릴 파	격식 격	안 내	쌀 포	쏠 발	대포 포

펼 포	종교 교	사나울 포	악할 악	표 표	정할 결	풍성할 풍	넉넉할 부

없을 무	한정 한	건널 항	바다 해	깨뜨릴 파	자산 산	용납할 포	용납할 용

축하할 축	대포 포	나눌 분	펼 포	사나울 폭	말씀 언	차 차	표 표

풍년 풍	해 년	한계 한	경계 계

01 태풍의 영향으로 波高가 높다.

02 그녀는 검정 스웨터에 낡은 바지를 입고 있었으니 파티 복장으론 破格적이었다.

03 사장은 회사의 破産을 막으려고 갖은 애를 쓰고 있다.

04 사장의 말은 복합적인 의미를 内包하고 있다.

05 그는 성정이 온화하여 남을 너그럽게 包容할 줄 아는 사람이다.

06 신호탄이 오르기 전까지 절대로 단독적인 發砲는 엄금한다.

07 거리는 음악과 깃발이 출렁였고, 축제 분위기가 한창 무르익는 가운데 祝砲가 터졌다.

08 그는 기독교의 布教 활동을 펼치기 위해 일생을 바쳤다.

09 정부는 이 지역에 分布되어 있는 천연기념물을 보호하도록 했다.

10 그는 성질이 暴惡해서 사람들의 미움을 받았다.

11 그는 다른 사람의 인격을 짓밟는 暴言을 서슴지 않았다.

12 본회의에서 안건을 票決하다.

13 승무원이 車票를 검사하러 들어왔다.

14 이 강물의 유역들은 토질이 비옥하고 물이 豊富하다.

15 흡족한 비에 마을 사람들은 豊年이라도 만난 듯 기뻐 날뛰었다.

16 여러분 앞날에 無限한 영광이 있기를 진심으로 기원합니다.

17 거대한 조직 사회 안에서 개인의 힘이란 限界가 있기 마련이다.

18 기상 조건이 호전되면 오전에는 航海가 가능할 것이다.

231 港 항구 항	氵 9획	물(氵)에 접하고 있는 거리(巷)는 항구이니
	港	

*巷(거리 항) : 함께(共) 다닐 수 있도록 만든 뱀(巳)처럼 구불구불한 거리
• 港口(항구) : 배가 드나들고 모이는 곳

232 解 풀 해	角 6획	뿔(角)을 칼(刀)로 소(牛)에서 풀어내니
	解	

• 和解(화해) : 다투던 일을 풂
• 解決(해결) : 어려운 문제를 풂

233 鄕 시골 향	阝 10획	키는 작고(彡) 머리는 희고(白) 허리는 구부러진(匕) 사람이 많은 고을(阝)은 시골이니
	鄕	

• 京鄕(경향) : 서울과 시골
• 故鄕(고향) : 나서 자란 곳

234 香 향기 향	香 0획	벼(禾)가 햇빛(日)에 여물어 향기 나니
	香	

• 香水(향수) : 향내가 나는 물
• 香料(향료) : 향을 내는 물건

자원으로 한자 알기

* 물(   )에 접하고 있는 거리(巷)는 **항구**이니   ☞

* 뿔(   )을 칼(刀)로 소(牛)에서 **풀어**내니   ☞

* 키는 작고(彡) 머리는 희고(白) 허리는 구부러진(匕) 사람이 많은 고을(   )은 **시골**이니 ☞

* 벼(禾)가 햇빛(日)에 여물어 **향기** 나니   ☞

235	虛	虍 6획	범(虍)을 에워싼 **조각**(爿)과 **조각**(爿)으로 만든 **하나**(一)의 울타리가 **비니**
	虛		虛
	빌 **허**		• 虛空(허공) : 텅 빈 공중 • 虛勢(허세) : 실속이 없이 겉으로 드러난 기세

236	驗	馬 13획	말(馬)을 다(僉) 타보고 **시험하니**
	驗		驗
	시험 **험**		• 受驗(수험) : 시험을 봄 • 實驗(실험) : 실제로 시험함

237	賢	貝 8획	신하(臣)가 또(又) 돈(貝)을 **어질게** 쓰니
	賢		賢
	어질 현명할 **현**		• 賢人(현인) : 어진 사람 • 賢明(현명) : 어질고 영리하여 판별력이 밝음

238	血	血 0획	불꽃(丶)처럼 붉은 **피**를 **그릇**(皿)에 담으니
	血		血
	피 **혈**		• 止血(지혈) : 피가 못 나오게 함 • 血氣(혈기) : 격동하기 쉽거나 왕성한 의기

자원으로 한자 알기

* 범(   )을 에워싼 조각(爿)과 조각(爿)으로 만든 하나(一)의 울타리가 **비니**   ☞

* 말(   )을 다(僉) 타보고 **시험하니**   ☞

* 신하(臣)가 또(又) 돈(   )을 **어질게** 쓰니   ☞

* 불꽃(丶)처럼 붉은 **피**를 그릇(皿)에 담으니   ☞

239 協 6획	十	열(十) 명이 힘(力)을 합하여 도우니						
		協						
도울 화할	협	• 協力(협력) : 힘을 합하여 서로 도움 • 協助(협조) : 힘을 모아서 서로 도움						

240 惠 8획	心	차(叀)에 태워 준 사람을 마음(心)으로 은혜롭게 여기니						
		惠						
은혜	혜	• 天惠(천혜) : 하늘이 베푼 은혜 • 恩惠(은혜) : 고맙게 베풀어 주는 신세나 혜택						

자원으로 한자 알기

* 열(   ) 명이 힘(力)을 합하여 도우니   ☞

* 차(叀)에 태워 준 사람을 마음(   )으로 은혜롭게 여기니   ☞

一思多得

木	+	僉	=	檢(검사할 검)	나무(木)를 다(僉) 검사하니
馬	+		=	驗(시험 험)	말(馬)을 다(僉) 타보고 시험하니

相	+	心	=	想(생각 상)	서로(相) 마음(心)으로 생각하니
士	+		=	志(뜻 지)	선비(士)가 마음(心)에 품은 뜻
中	+		=	忠(충성 충)	가운데(中) 마음(心)에서 우러나오는 충성
能	+		=	態(모습 태)	능히(能) 할 수 있다는 마음(心)이 드러난 모습
叀	+		=	惠(은혜 혜)	차(叀)에 태워 준 사람을 마음(心)으로 은혜롭게 여기니

港
항구 **항**
= ☐ + ☐

解
풀 **해**
= ☐ + ☐ + ☐

鄕
시골 **향**
= ☐ + ☐ + ☐ + ☐

香
향기 **향**
= ☐ + ☐

虛
빌 **허**
= ☐ + ☐ + ☐ + ☐

驗
시험 **험**
= ☐ + ☐

賢
어질 **현**
= ☐ + ☐ + ☐

血
피 **혈**
= ☐ + ☐

協
도울 **협**
= ☐ + ☐

惠
은혜 **혜**
= ☐ + ☐

다음 漢字語의 讀音을 쓰세요.

港 口	和 解	解 決	京 鄕
故 鄕	香 水	香 料	虛 空
虛 勢	受 驗	實 驗	賢 人
賢 明	止 血	血 氣	協 力
協 助	天 惠	恩 惠	

 다음 漢字語를 漢字로 쓰세요.

항구 향 어귀 구	화할 화 풀 해	서울 경 시골 향	향기 향 물 수
빌 허 하늘 공	받을 수 시험 험	어질 현 사람 인	그칠 지 피 혈
도울 협 힘 력	하늘 천 은혜 혜	풀 해 정할 결	연고 고 시골 향
향기 향 재료 료	빌 허 기세 세	실제 실 시험 험	현명할 현 똑똑할 명
피 혈 기운 기	화할 협 도울 조	은혜 은 은혜 혜	

01 배가 港口를 떠나다.

02 和解를 청하다.

03 친구 간에 생긴 문제의 解決은 당사자가 직접 해야 한다.

04 京鄕에 널리 이름을 떨치다.

05 이번 설날에도 故鄕을 찾아가는 사람들로 고속도로는 극심한 정체를 빚었다.

06 香水 냄새가 진하게 풍기다.

07 香料는 흔히 식품이나 화장품 따위에 넣어 향기를 내게 한다.

08 멍하니 虛空만 바라보다.

09 虛勢를 부리다.

10 부정행위를 하다가 적발되면 그 이후의 모든 과목을 受驗할 수 없다.

11 화학 實驗을 하였다.

12 賢人은 복을 내리고 악인은 재앙을 만난다.

13 시간이 걸리더라도 완전한 기회를 기다리는 쪽이 賢明하다.

14 止血을 위해 상처 부위를 붕대로 묶었다.

15 血氣가 왕성하다.

16 두 정상은 양국 간 경제 교류 協力 방안을 모색했다.

17 協助를 요청하다.

18 天惠의 관광 자원을 가지고 있다.

19 어머니의 恩惠는 하늘보다도 넓고 바다보다도 깊다.

241	呼	口 5획	입(口)으로 호(乎)하고 **부르니**
			呼
	부를	호	*乎(어조사 호) : 끈(ノ) 여덟(ㅛ) 개와 하나(一)의 갈고리(ㅣ)를 들고 감탄하는 어조사 • 呼名(호명) : 이름을 부름

242	好	女 3획	여자(女)가 아들(子)을 안고 **좋아하니**
			好
	좋을	호	• 好感(호감) : 좋은 감정 • 友好(우호) : 서로 친함

243	戶	戶 0획	문짝이 한 개 달린 **집**
			戶
	집	호	• 戶主(호주) : 한 집안의 장이 되는 사람 • 戶口(호구) : 호적상 집의 수효와 식구 수

244	護	言 14획	말(言)하여 풀(艹) 속의 새(隹)를 또(又) **보호하여 지키니**
			護
	보호할 지킬	호	• 保護(보호) : 잘 보살피고 지킴 • 護衛(호위) : 따라다니며 곁에서 보호하고 지킴

자원으로 한자 알기

* 입(   )으로 호(乎)하고 **부르니**   ☞

* 여자(   )가 아들(子)을 안고 **좋아하니**   ☞

* 문짝이 한 개 달린 **집**   ☞

* 말(   )하여 풀(艹) 속의 새(隹)를 또(又) **보호하여 지키니**   ☞

245 貨	貝 4획	변하여(化) 돈(貝)이 되는 재물
	貨	
재물　화		• 外貨(외화) : 외국의 돈 • 通貨(통화) : 한 나라 안에서 유통되고 있는 화폐

246 確	石 10획	돌(石)처럼 무거운 것으로 덮어(冖) 놓으면 새(隹)는 확실히 날지 못하니
	確	
확실할 굳을　확		• 明確(명확) : 분명히 확실함 • 確固(확고) : 튼튼하고 굳음

247 回	口 3획	울타리(囗)를 입(口)으로 말하며 도니
	回	
돌 피할　회		• 回答(회답) : 물음에 대답함 • 回復(회복) : 원래의 상태로 돌이킴

248 吸	口 4획	입(口)에 다다른(及) 공기를 들여 마시니
	吸	
마실　흡		• 吸入(흡입) : 빨아들임 • 吸收(흡수) : 빨아서 거두어들임

자원으로 한자 알기

* 변하여(化) 돈(　　)이 되는 재물　　　　　　　　　☞

* 돌(　　)처럼 무거운 것으로 덮어(冖) 놓으면 새(隹)는 확실히 날지 못하니　☞

* 울타리(　　)를 입(口)으로 말하며 도니　　　　　☞

* 입(　　)에 다다른(及) 공기를 들여 마시니　　　☞

180

249 興 일 흥	臼 9획	절구(臼ㅋ)를 같이(同) 한(一) 번에 **여덟**(八) 명이 들고 일어나니						
		興						
		• 新興(신흥) : 새로 일어남 • 興味(흥미) : 흥을 느끼는 재미						

250 希 바랄 희	巾 4획	찢어진(メ) 베(布)를 버리고 새것을 바라니						
		希						
		• 希求(희구) : 바라고 구함 • 希望(희망) : 앞일에 대하여 기대를 가지고 바람						

자원으로 한자 알기

* 절구(   )를 같이(同) 한(一) 번에 여덟(八) 명이 들고 일어나니   ☞

* 찢어진(メ) 베(布)를 버리고 새것을 바라니   ☞

一思多得

口	+ 乎 =	呼(부를 호)	입(口)으로 호(乎)하고 부르니
	+ 及 =	吸(마실 흡)	입(口)에 다다른(及) 공기를 들여 마시니

分	+		=	貧(가난할 빈)	나누어(分) 돈(貝)을 가져 가난하니
口	+	貝	=	員(관원 원)	입(口)으로 돈(貝)을 세어 주는 관원
臣又	+		=	賢(어질 현)	신하(臣)가 또(又) 돈(貝)을 어질게 쓰니
化	+		=	貨(재물 화)	변하여(化) 돈(貝)이 되는 재물

다음 漢字를 나누고 자원을 쓰면서 익히세요.

월 일

呼 부를 호 = +

好 좋을 호 = +

户 집 호 =

護 보호할 호 = + + +

貨 재물 화 = +

確 확실할 확 = + +

回 돌 회 = +

吸 마실 흡 = +

興 일 흥 = + + +

希 바랄 희 = +

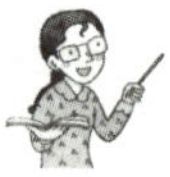

 다음 漢字語의 讀音을 쓰세요.

呼	名	好	感	友	好	戶	主
戶	口	保	護	護	衛	外	貨
通	貨	明	確	確	固	回	答
回	復	吸	入	吸	收	新	興
興	味	希	求	希	望		

 다음 漢字語를 漢字로 쓰세요.

부를 호	이름 명	좋을 호	느낄 감	집 호	주인 주	지킬 보	보호할 호
외국 외	재물 화	확실할 명	확실할 확	돌아올 회	대답할 답	마실 흡	들 입
새 신	일 흥	바랄 희	구할 구	우애 우	좋을 호	집 호	식구 구
보호할 호	지킬 위	통할 통	재물 화	굳을 확	굳을 고	돌 회	회복할 복
마실 흡	거둘 수	일 흥	맛 미	바랄 희	바랄 망		

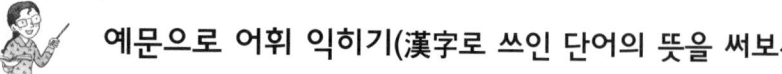

01 呼名을 하면 크게 대답하세요.

02 조금만 이야기를 나눠 보면 누구나 그녀에게 好感을 가질 것이다.

03 다른 나라들과 友好를 맺다.

04 그는 결혼하여 戶主가 되었다.

05 정기저으로 戶口조사를 실시한다.

06 중소기업의 保護가 시급하다.

07 護衛 차량이 뒤따르다.

08 外貨가 부족하다.

09 예금 通貨 따위가 있다.

10 큰형의 말은 간단하고 조리가 있으며 늘 明確하였다.

11 의지가 確固하다.

12 날마다 시시각각으로 고대하여도 回答을 주지 않으시니 매우 궁금합니다.

13 한번 무너진 신뢰는 回復하기 어렵다.

14 실린더에 공기가 吸入되다.

15 우리 회사 농구 팀이 해체되어 다른 회사 팀에 吸收되었다.

16 新興 세력으로 성장하였다.

17 興味를 불러일으키다.

18 진실한 사랑을 希求하다.

19 젊은이들에게 希望과 용기를 불어넣다.

201 집(　　　)에서 제사(祭) 지낼 때 소홀함이 없도록 **살피니**   ☞

202 창고(倉)에서 곡물을 꺼내 칼(　　　)로 요리를 **시작하니**   ☞

203 범(　　　)처럼 천천히 걸어(夂)가 책상(几)이 있는 **곳**에서 일을 **처리하니**   ☞

204 말(　　　)하여 어른께 젊은이(靑)가 **청하니**   ☞

205 실(　　　)과 끈(丿)을 모아 울타리(冂)를 치며 서서히(夂) 마음(心)을 **다** 모으니   ☞

206 쇠(　　　)로 만들어 탄약을 채워(充) 쏘는 **총**   ☞

207 풀(　　　)을 짐승(畜)에게 주려고 **모으니**   ☞

208 대나무(　　　)로 장인(工)이 무릇(凡) 나무(木)처럼 **쌓아** 집을 **지으니**   ☞

209 가운데(中) 마음(　　　)에서 우러나오는 **충성**   ☞

210 **벌레**(　　　)가 모여 있는 모양   ☞

211 적을 죽인 표시로 귀(耳)를 잘라 또(　　　) **취하여 가지니**   ☞

212 물(　　　)의 양을 법칙(則)에 맞게 **헤아리니**   ☞

213 그물(　　　)을 곧게(直) 펴 **두니**   ☞

214 물(　　　)을 사사로이(厶) 입(口)으로 마실 수 있도록 **다스리니**   ☞

215 그쳐(止) 있는 윗니(人人)와 아랫니(人人)가 입(凵) 안에 나 있는 **이**의 모양   ☞

216 사람(　　　)이 손(크)으로 복면을 덮어(冖) 쓰고 또(又) **침입하니**   ☞

217 막혔던 마음(　　　)이 터진(夬) 듯 속이 **시원하니**   ☞

218 능히(能) 할 수 있다는 마음(　　　)이 드러난 **모습**   ☞

219 실(　　　)을 가득(充) **합쳐 거느리니**   ☞

220 일을 그치고(艮) 뛰어(　　　) **물러나니**   ☞

221 물(　　　)의 가죽(皮)에서 이는 **물결**   ☞

222 돌(　　　)의 가죽(皮)은 단단하여 **깨지니**   ☞

223 허물에 **싸여**(　　　) 있는 뱀(巳)   ☞

224 돌(　　　)을 싸(包) **대포**처럼 쏘니   ☞

225 손(扌)으로 수건(　　　)을 짜 **펼치니**   ☞

226 해(   )와 함께(共) 물(氺)은 **사납고** 세차니   ☞

227 덮어도(覀) 잘 보이도록(   ) **표**를 달아 **표시하니**   ☞

228 몸을 구부리고(曲) 제기(   )에 음식을 **풍성하게** 담으니   ☞

229 언덕(   )이 그쳐(艮) 길을 막아 갈 길이 **한정되니**   ☞

230 배(   )에 높게(亢) 돛을 달고 바다를 **건너니**   ☞

231 물(   )에 접하고 있는 거리(巷)는 **항구**이니   ☞

232 뿔(   )을 칼(刀)로 소(牛)에서 **풀어**내니   ☞

233 키는 작고(彡) 머리는 희고(白) 허리는 구부러진(匕) 사람이 많은 고을(   )은 **시골**이니   ☞

234 벼(禾)가 햇빛(日)에 여물어 **향기** 나니   ☞

235 범(   )을 에워싼 조각(爿)과 조각(片)으로 만든 하나(一)의 울타리가 **비니**   ☞

236 말(   )을 다(僉) 타보고 **시험하니**   ☞

237 신하(臣)가 또(又) 돈(   )을 **어질게** 쓰니   ☞

238 불꽃(丶)처럼 붉은 **피**를 그릇(皿)에 담으니   ☞

239 열(   ) 명이 힘(力)을 합하여 **도우니**   ☞

240 차(車)에 태워 준 사람을 마음(   )으로 **은혜롭게** 여기니   ☞

241 입(   )으로 호(乎)하고 **부르니**   ☞

242 여자(   )가 아들(子)을 안고 **좋아하니**   ☞

243 문짝이 한 개 달린 **집**   ☞

244 말(   )하여 풀(艹) 속의 새(隹)를 또(又) **보호하여 지키니**   ☞

245 변하여(化) 돈(   )이 되는 **재물**   ☞

246 돌(   )처럼 무거운 것으로 덮어(冖) 놓으면 새(隹)는 **확실히** 날지 못하니   ☞

247 울타리(   )를 입(口)으로 말하며 **도니**   ☞

248 입(   )에 다다른(及) 공기를 들여 **마시니**   ☞

249 절구(   )를 같이(同) 한(一) 번에 여덟(八) 명이 들고 **일어나니**   ☞

250 찢어진(乂) 베(布)를 버리고 새것을 **바라니**   ☞

察	創	處	請	總	銃	蓄
築	忠	蟲	取	測	置	治
齒	侵	快		態	統	退
波	破				包	砲
布						暴
票	豊				限	航
港	解	鄕		香	虛	驗
賢	血	協	惠	呼	好	戶
護	貨	確	回	吸	興	希

201-250번
익히기

살필 찰	시작할 창	곳 처	청할 청	다 총	총 총	모을 축
쌓을 축	충성 충	벌레 충	가질 취	헤아릴 측	둘 치	다스릴 치
이 치	침노할 침	시원할 쾌		모습 태	합칠 통	물러날 퇴
물결 파	깨뜨릴 파				쌀 포	대포 포
펼 포						사나울 폭
표 표	풍성할 풍			한정 한	건널 항
항구 항	풀 해	시골 향		향기 향	빌 허	시험 험
어질 현	피 혈	도울 협	은혜 혜	부를 호	좋을 호	집 호
보호할 호	재물 화	확실할 확	돌 회	마실 흡	일 흥	바랄 희

201-250번 익히기

188

종합
평가

漢字

街	假	減	監	康	講	個
檢	缺	潔	警	境	經	慶
係	故	官		究	句	求
宮	權				極	禁
器			1-50번 다시 익히기			起
暖	難				努	怒
單	檀	端		斷	達	擔
黨	帶	隊	導	毒	督	銅
斗	豆	得	燈	羅	兩	麗

↘ 다음의 訓과 音을 지닌 漢字를 쓰세요.

월　　일

거리 가	거짓 가	덜 감	살필 감	편안할 강	강론할 강	낱 개
검사할 검	이지러질 결	깨끗할 결	깨우칠 경	지경 경	글 경	경사 경
맬 계	연고 고	벼슬 관		연구할 구	글귀 구	구할 구
궁궐 궁	권세 권				끝 극	금할 금
그릇 기						일어날 기
따뜻할 난	어려울 난				힘쓸 노	성낼 노
홀 단	박달나무 단	끝 단		끊을 단	이를 달	멜 담
무리 당	띠 대	무리 대	인도할 도	독할 독	감독할 독	구리 동
말 두	콩 두	얻을 득	등 등	벌일 라	두 량	고울 려

1-50번
다시 익히기

連	列	錄	論	留	律	滿
脈	毛	牧	務	武	未	味
密	博	防		訪	房	拜
背	配				伐	罰
壁						邊
保	報				寶	步
復	府	副		富	婦	佛
備	非	悲	飛	貧	寺	謝
師	舍	殺	常	床	想	狀

51-100번
다시 익히기

이을 련	벌일 렬	기록할 록	논할 론	머무를 류	법칙 률	찰 만
혈관 맥	털 모	기를 목	힘쓸 무	군사 무	아닐 미	맛 미
빽빽할 밀	넓을 박	막을 방		찾을 방	방 방	절 배
등 배	나눌 배				칠 벌	벌할 벌
벽 벽						가 변

51-100번
다시 익히기

지킬 보	알릴 보			보배 보	걸음 보	
다시 부	관청 부	버금 부		부자 부	아내 부	부처 불
갖출 비	아닐 비	슬플 비	날 비	가난할 빈	절 사	사례할 사
스승 사	집 사	죽일 살	항상 상	평상 상	생각 상	형상 상

設	誠	城	盛	星	聖	聲
勢	稅	細	掃	笑	素	俗
續	送	修		守	受	授
收	純				承	施
是						視
試	詩				息	申
深	眼	暗		壓	液	羊
餘	如	逆	硏	演	煙	榮
藝	誤	玉	往	謠	容	員

101-150번
다시 익히기

194

베풀 설	정성 성	성 성	성할 성	별 성	성인 성	소리 성
형세 세	세금 세	가늘 세	쓸 소	웃음 소	본디 소	풍속 속
이을 속	보낼 송	닦을 수		지킬 수	받을 수	줄 수
거둘 수	순수할 순				이을 승	베풀 시
옳을 시						살필 시
시험 시	시 시				쉴 식	펼 신
깊을 심	눈 안	어두울 암		누를 압	즙 액	양 양
남을 여	같을 여	거스를 역	갈 연	펼 연	연기 연	영화 영
재주 예	그르칠 오	구슬 옥	갈 왕	노래 요	얼굴 용	관원 원

101~150번
다시 익히기

圓	衛	爲	肉	恩	陰	應
義	議	移	益	認	印	引
將	障	低		敵	田	絶
接	程				政	精
制						製

151-200번
다시 익히기

濟	提				祭	際
除	助	早		造	鳥	尊
宗	走	竹	準	衆	增	指
志	支	至	職	進	眞	次

둥글 원	지킬 위	할 위	고기 육	은혜 은	그늘 음	응할 응
옳을 의	의논할 의	옮길 이	더할 익	알 인	도장 인	끌 인
장수 장	막을 장	낮을 저		대적할 적	밭 전	끊을 절
이을 접	한도 정				정사 정	깨끗할 정
절제할 제						지을 제
건널 제	드러낼 제				제사 제	사귈 제
덜 제	도울 조	이를 조		지을 조	새 조	높을 존
마루 종	달릴 주	대 죽	평평할 준	무리 중	더할 증	가리킬 지
뜻 지	가를 지	이를 지	직분 직	나아갈 진	참 진	다음 차

**151-200번
다시 익히기**

察	創	處	請	總	銃	蓄
築	忠	蟲	取	測	置	治
齒	侵	快		態	統	退
波	破				包	砲
布			201-250번 다시 익히기			暴
票	豊				限	航
港	解	鄕		香	虛	驗
賢	血	協	惠	呼	好	戶
護	貨	確	回	吸	興	希

살필 찰	시작할 창	곳 처	청할 청	다 총	총 총	모을 축
쌓을 축	충성 충	벌레 충	가질 취	헤아릴 측	둘 치	다스릴 치
이 치	침노할 침	시원할 쾌		모습 태	합칠 통	물러날 퇴
물결 파	깨뜨릴 파				쌀 포	대포 포
펼 포						사나울 폭
표 표	풍성할 풍				한정 한	건널 항
항구 항	풀 해	시골 향		향기 향	빌 허	시험 험
어질 현	피 혈	도울 협	은혜 혜	부를 호	좋을 호	집 호
보호할 호	재물 화	확실할 확	돌 회	마실 흡	일 흥	바랄 희

201-250번 다시 익히기

↘ **學而時習 – 배우고 익히기**

01 다음 漢字語의 讀音을 쓰세요.

商街 _____   健康 _____   講堂 _____

暖流 _____   發達 _____   監督 _____

利得 _____   保溫 _____   復活 _____

夫婦 _____   師弟 _____   常識 _____

賞狀 _____   設計 _____   城壁 _____

勢力 _____   課稅 _____   淸掃 _____

俗談 _____   連續 _____   授業 _____

傳承 _____   童詩 _____   眼球 _____

共榮 _____   往來 _____   滿員 _____

防衛 _____   恩人 _____   議決 _____

02 다음 漢字語의 뜻을 쓰세요.

移植 _____   名將 _____   低價 _____

精讀 _____   提示 _____   助言 _____

觀衆 _____   進路 _____   次女 _____

03 다음 漢字語를 漢字로 쓰세요.

총력(모든 힘) ➜

축재(재물을 모음) ➜

측정(헤아려서 정함) ➜

통합(모두 합쳐서 하나로 모음) ➜

파격(격식을 깨뜨림) ➜

풍부(넉넉하고 많음) ➜

항해(바다를 건넘) ➜

현인(어진 사람) ➜

흡입(빨아들임) ➜

▲ 해답
01 상가, 건강, 강당, 난류, 발달, 감독, 이득, 보온, 부활, 부부, 사제, 상식, 상장, 설계, 성벽, 세력, 과세, 청소, 속담, 연속, 수업, 전승, 동시, 안구, 공영, 왕래, 만원, 방위, 은인, 의결
02 옮겨 심음, 이름난 장수, 싼값, 자세하게 읽음, 드러내 보임, 도와주는 말, 보러온 무리, 나아갈 길, 둘째 딸
03 總力, 蓄財, 測定, 統合, 破格, 豊富, 航海, 賢人, 吸入

🔽 논술 – 교과서 주요 어휘 익히기

假面 (　　　) : 탈　　　　　　　　　　　　　　　　　　　　　　　　　가면

假想 (　　　) : 사실 여부가 분명하지 않은 것을 사실이라고 가정하여 생각함　　가상

街說 (　　　) : 거리에 떠도는 말　　　　　　　　　　　　　　　　　　　　가설

假聲 (　　　) : 거짓소리　　　　　　　　　　　　　　　　　　　　　　　　가성

家勢 (　　　) : 집안 형세　　　　　　　　　　　　　　　　　　　　　　　　가세

加護 (　　　) : 보호하여 줌　　　　　　　　　　　　　　　　　　　　　　　가호

減退 (　　　) : 기운이나 세력 따위가 줄어 쇠퇴함　　　　　　　　　　　　　감퇴

强壓 (　　　) : 강제로 억누름　　　　　　　　　　　　　　　　　　　　　　강압

開票 (　　　) : 투표함을 열고 투표의 결과를 검사함　　　　　　　　　　　　개표

決斷 (　　　) : 결정적인 판단을 하거나 단정을 내림　　　　　　　　　　　　결단

輕視 (　　　) : 가볍게 봄　　　　　　　　　　　　　　　　　　　　　　　　경시

耕作 (　　　) : 땅을 갈아서 농사를 지음　　　　　　　　　　　　　　　　　경작

警護 (　　　) : 경계하고 보호함　　　　　　　　　　　　　　　　　　　　　경호

公務 (　　　) : 여러 사람에 관련된 일　　　　　　　　　　　　　　　　　　공무

官服 (　　　) : 벼슬아치가 입던 정복　　　　　　　　　　　　　　　　　　　관복

敎員 (　　　) : 학생을 가르치는 사람　　　　　　　　　　　　　　　　　　　교원

口味 (　　　) : 입맛　　　　　　　　　　　　　　　　　　　　　　　　　　　구미

金銅 (　　　) : 금으로 도금하거나 금박을 입힌 구리　　　　　　　　　　　　금동

金貨 (　　　) : 금으로 만든 돈　　　　　　　　　　　　　　　　　　　　　　금화

老將 (　　　) : 늙은 장수　　　　　　　　　　　　　　　　　　　　　　　　노장

論題 (　　　) : 논설이나 논문, 토론 따위의 주제나 제목　　　　　　　　　　논제

斷念 (　　　) : 생각을 끊어 버림　　　　　　　　　　　　　　　　　　　　　단념

單線 (　　　) : 외줄　　　　　　　　　　　　　　　　　　　　　　　　　　　단선

獨房 (　　　) : 혼자서 쓰는 방　　　　　　　　　　　　　　　　　　　　　　독방

壁報 (　　　) : 벽에 붙여 널리 알리는 글　　　　　　　　　　　　　　　　　벽보

奉送	(	) : 귀인이나 윗사람을 전송함	봉송
分斷	(	) : 동강이 나게 끊어 가름	분단
不純	(	) : 순수하지 아니함	불순
史官	(	) : 역사의 편찬을 맡아 초고를 쓰는 일을 맡아보던 벼슬	사관
先進	(	) : 문물의 발전 단계나 진보 정도가 다른 것보다 앞섬	선진
城壁	(	) : 성의 벽	성벽
送年	(	) : 한 해를 보냄	송년
水宮	(	) : 물속에 있다고 하는 상상의 궁전	수궁
水深	(	) : 물의 깊이	수심
水壓	(	) : 물의 압력	수압
純種	(	) : 순수한 종	순종
實狀	(	) : 실제의 상태나 내용	실상
實勢	(	) : 실제의 세력이나 기운	실세
心志	(	) : 마음에 품은 의지	심지
餘念	(	) : 다른 생각	여념
力走	(	) : 힘껏 달림	역주
連休	(	) : 휴일이 이틀 이상 계속되는 일	연휴
原狀	(	) : 본디의 형편이나 상태	원상
圓形	(	) : 둥근 모양	원형
自認	(	) : 스스로 인정함	자인
自退	(	) : 스스로 물러남	자퇴
再起	(	) : 다시 일어섬	재기
敵地	(	) : 적이 점령하거나 차지하고 있는 땅	적지
戰勢	(	) : 전쟁의 형세	전세
定處	(	) : 정한 곳	정처

重視 ( ) : 중대하게 봄		중시
直進 ( ) : 곧게 나아감		직진
眞談 ( ) : 참된 이야기		진담
眞心 ( ) : 참된 마음		진심
天罰 ( ) : 하늘이 내리는 형벌		천벌
鐵器 ( ) : 쇠로 만든 그릇		철기
退場 ( ) : 어떤 장소에서 물러남		퇴장
確認 ( ) : 확실히 인정함		확인

부록

漢字

↘ **반대자 – 뜻이 반대되는 漢字**

加(더할 가) 益(더할 익) 增(더할 증)	↔	減(덜 감) 省(덜 생) 殺(감할 쇄) 除(덜 제)
各(각각 각) 班(나눌 반) 配(나눌 배) 別(나눌 별) 分(나눌 분)	↔	合(합할 합)
去(갈 거) 往(갈 왕)	↔	來(올 래)
京(서울 경)	↔	鄕(시골 향)
高(높을 고) 尊(높을 존) 卓(높을 탁)	↔	低(낮을 저)
攻(칠 공) 伐(칠 벌) 打(칠 타)	↔	防(막을 방) 守(지킬 수)
給(줄 급) 授(줄 수)	↔	受(받을 수)

暖(따뜻할 난) 熱(더울 열) 溫(따뜻할 온)	↔	冷(찰 랭) 寒(찰 한)
獨(홀로 독)	↔	黨(무리 당) 隊(무리 대) 等(무리 등) 類(무리 류) 衆(무리 중)
得(얻을 득)	↔	失(잃을 실)
朗(밝을 랑) 明(밝을 명)	↔	暗(어두울 암)
連(이을 련) 續(이을 속) 承(이을 승) 接(이을 접)	↔	斷(끊을 단) 切(끊을 절) 絕(끊을 절)
滿(찰 만)	↔	空(빌 공) 虛(빌 허)
文(글월 문)	↔	武(군사 무)
方(모 방)	↔	圓(둥글 원)
夫(지아비 부)	↔	婦(아내 부)

반대자 – 뜻이 반대되는 漢字

貧(가난할 빈)	↔	富(부자 부)	正(바를 정)	↔	誤(그르칠 오)
師(스승 사)	↔	弟(제자 제)	進(나아갈 진)	↔	退(물러날 퇴)
死(죽을 사) 殺(죽일 살)	↔	生(살 생) 活(살 활)	眞(참 진)	↔	假(거짓 가)
			總(다 총)	↔	個(낱 개)
賞(상줄 상)	↔	罰(벌할 벌)	豊(풍년 풍)	↔	凶(흉년 흉)
順(순할 순)	↔	逆(거스를 역)	解(풀 해)	↔	結(맺을 결) 束(묶을 속) 約(맺을 약)
是(옳을 시)	↔	非(아닐 비)			
始(처음 시) 初(처음 초)	↔	端(끝 단) 末(끝 말) 終(끝 종)	虛(헛될 허)	↔	實(참될 실)
			協(화할 협) 和(화할 화)	↔	競(다툴 경) 爭(다툴 쟁) 戰(싸움 전)
如(같을 여)	↔	別(다를 별) 他(다를 타)			
陰(그늘 음)	↔	陽(볕 양)	呼(숨 내쉴 호)	↔	吸(숨 들이쉴 흡)
將(장수 장)	↔	兵(군사 병) 士(군사 사) 卒(군사 졸)	黑(검을 흑)	↔	白(흰 백) 素(흴 소)
			興(일 흥)	↔	亡(망할 망)

반의어 – 뜻이 반대되는 漢字語

加重(가중)	↔	輕減(경감)	賞金(상금)	↔	罰金(벌금)
個別(개별)	↔	全體(전체)	相對(상대)	↔	絶對(절대)
缺席(결석)	↔	出席(출석)	生花(생화)	↔	造花(조화)
故意(고의)	↔	過失(과실)	收入(수입)	↔	支出(지출)
過去(과거)	↔	未來(미래)	順風(순풍)	↔	逆風(역풍)
光明(광명)	↔	暗黑(암흑)	溫暖(온난)	↔	寒冷(한랭)
禁煙(금연)	↔	吸煙(흡연)	原理(원리)	↔	應用(응용)
禁止(금지)	↔	許可(허가)	遠心(원심)	↔	求心(구심)
樂觀(낙관)	↔	悲觀(비관)	有限(유한)	↔	無限(무한)
暖流(난류)	↔	寒流(한류)	陰地(음지)	↔	陽地(양지)
南極(남극)	↔	北極(북극)	義務(의무)	↔	權利(권리)
內容(내용)	↔	形式(형식)	人爲(인위)	↔	自然(자연)
能動(능동)	↔	受動(수동)	低下(저하)	↔	向上(향상)
當番(당번)	↔	非番(비번)	敵對(적대)	↔	友好(우호)
登場(등장)	↔	退場(퇴장)	田園(전원)	↔	都市(도시)
未備(미비)	↔	完備(완비)	正答(정답)	↔	誤答(오답)
未定(미정)	↔	確定(확정)	精神(정신)	↔	物質(물질)
背恩(배은)	↔	報恩(보은)	增加(증가)	↔	減少(감소)
本業(본업)	↔	副業(부업)	增進(증진)	↔	減退(감퇴)
富者(부자)	↔	貧者(빈자)	直接(직접)	↔	間接(간접)

⬇ 반의어 – 뜻이 반대되는 漢字語

進步(진보)	↔	退步(퇴보)	豊年(풍년)	↔	凶年(흉년)
總角(총각)	↔	處女(처녀)	夏至(하지)	↔	冬至(동지)
忠臣(충신)	↔	逆臣(역신)	現實(현실)	↔	理想(이상)

↘ 유의자 − 뜻이 비슷한 漢字

街(거리 가)	=	道(길 도) 路(길 로) 程(길 정)
歌(노래 가)	=	謠(노래 요)
減(덜 감) 省(덜 생)	=	殺(감할 쇄) 除(덜 제)
監(볼 감)	=	見(볼 견) 觀(볼 관) 視(볼 시)
經(글 경)	=	文(글월 문) 書(글 서) 章(글 장)
境(지경 경)	=	界(지경 계) 區(지경 구)
經(지날 경)	=	過(지날 과) 歷(지날 력)
高(높을 고)	=	尊(높을 존) 卓(높을 탁)
故(예 고)	=	古(예 고) 舊(예 구)

攻(칠 공)	=	伐(칠 벌) 打(칠 타)
過(잘못 과)	=	失(잘못 실) 誤(잘못 오)
具(갖출 구)	=	備(갖출 비)
救(구원할 구)	=	濟(구제할 제)
極(끝 극)	=	端(끝 단) 末(끝 말) 終(끝 종)
記(기록할 기)	=	錄(기록할 록) 識(기록할 지)
技(재주 기)	=	術(재주 술) 藝(재주 예) 才(재주 재)
斷(끊을 단)	=	切(끊을 절) 絶(끊을 절)
單(홑 단)	=	獨(홀로 독)
擔(맡을 담)	=	任(맡을 임)
黨(무리 당)	=	隊(무리 대) 等(무리 등)

↘ 유의자 – 뜻이 비슷한 漢字

黨(무리 당)	=	類(무리 류) 衆(무리 중)	保(보호할 보)	=	護(보호할 호)
			報(알릴 보)	=	告(알릴 고)
羅(벌일 라)	=	列(벌일 렬)	副(버금 부)	=	次(버금 차)
兩(두 량)	=	二(두 이) 再(두 재)	思(생각 사)	=	考(생각할 고) 念(생각 념) 想(생각 상)
連(이을 련)	=	續(이을 속) 承(이을 승) 接(이을 접)	舍(집 사)	=	家(집 가) 堂(집 당) 室(집 실) 屋(집 옥) 院(집 원) 宅(집 택) 户(집 호)
勞(힘쓸 로)	=	務(힘쓸 무)			
理(다스릴 리)	=	治(다스릴 치)			
未(아닐 미)	=	不(아닐 불) 非(아닐 비)			
配(나눌 배)	=	班(나눌 반) 別(나눌 별) 分(나눌 분)	鮮(고울 선)	=	麗(고울 려)
			省(살필 성)	=	察(살필 찰)
法(법 법)	=	規(법 규) 律(법칙 률) 式(법 식) 典(법 전) 則(법칙 칙)	守(지킬 수)	=	防(막을 방) 衛(지킬 위) 障(막을 장)
			施(베풀 시)	=	設(베풀 설)
			試(시험 시)	=	驗(시험 험)

유의자 - 뜻이 비슷한 漢字

眼(눈 안)	=	目(눈 목)
安(편안할 안)	=	康(편안할 강)
研(연구할 연)	=	究(연구할 구)
溫(따뜻할 온)	=	暖(따뜻할 난)
恩(은혜 은)	=	惠(은혜 혜)
音(소리 음)	=	聲(소리 성)
意(뜻 의)	=	情(뜻 정) / 志(뜻 지)
議(의논할 의)	=	論(의논할 론)
認(알 인)	=	識(알 식) / 知(알 지)
財(재물 재)	=	貨(재물 화)
貯(쌓을 저)	=	蓄(쌓을 축) / 築(쌓을 축)
停(머무를 정)	=	留(머무를 류) / 止(그칠 지)

製(지을 제)	=	作(지을 작) / 造(지을 조)
增(더할 증)	=	加(더할 가) / 益(더할 익)
至(이를 지)	=	到(이를 도) / 着(다다를 착) / 致(이를 치)
測(헤아릴 측)	=	量(헤아릴 량) / 料(헤아릴 료) / 度(헤아릴 탁)
解(풀 해)	=	放(놓을 방)
賢(어질 현)	=	良(어질 량)
確(굳을 확)	=	固(굳을 고)
休(쉴 휴)	=	息(쉴 식)
希(바랄 희)	=	望(바랄 망) / 願(원할 원)

↘ 동음이의어 – 음은 같으나 뜻이 다른 漢字語

가세	家勢	집안의 형세
	加勢	세력을 더함
가정	家庭	한 가족이 생활하는 집
	假定	분명하지 않은 것을 임시로 인정함
감산	減産	생산을 줄임
	減算	빼어 셈함
감수	減數	수를 줄임
	甘水	맛이 단 물
	甘受	책망이나 괴로움 따위를 달갑게 받아들임
검사	檢事	검찰권을 행사하는 사법관
	檢査	실제의 상황을 잘 살피고 조사함
결단	結團	단체를 결성함
	決斷	결정적인 판단을 하거나 단정을 내림
경로	經路	지나는 길
	敬老	노인을 공경함
고사	故事	유래가 있는 옛날의 일
	考査	자세히 생각하고 조사함
고수	固守	굳게 지킴
	高手	어떤 분야나 집단에서 기술이나 능력이 매우 뛰어난 사람
고인	古人	옛날 사람
	故人	죽은 사람
공론	公論	공정하게 의논함
	空論	실속이 없는 빈 논의
공인	公人	공적인 일에 종사하는 사람
	公認	국가나 공공단체 또는 사회단체 등이 어느 행위나 물건에 대하여 인정함

⬇️ 동음이의어 – 음은 같으나 뜻이 다른 漢字語

공중	空中 : 하늘	
	公衆 : 사회의 대부분의 사람들	
교감	交感 : 서로 맞대어 느낌	
	校監 : 학교장을 도와서 학교의 일을 관리하거나 수행하는 직책	
구호	救護 : 도와 보호함	
	口號 : 어떤 요구나 주장 따위를 간결한 형식으로 표현한 문구	
급보	急步 : 급하게 걸음	
	急報 : 급하게 알림	
기사	記事 : 사실을 적음	
	技師 : 특별한 기술 업무를 맡아보는 사람	
녹음	錄音 : 소리를 기록함	
	綠陰 : 푸른 잎이 우거진 나무나 수풀	
단가	單價 : 물건 한 단위의 가격	
	短歌 : 짧은 노래 또는 시조	
단선	單線 : 외줄	
	短線 : 짧은 선	
	斷線 : 줄이 끊어짐	
단신	短身 : 작은 키	
	短信 : 짧은 소식	
단정	斷定 : 딱 잘라서 판단하고 결정함	
	端正 : 옷차림새나 몸가짐 따위가 얌전하고 바름	
대풍	大風 : 큰 바람	
	大豊 : 큰 풍년	
동지	同志 : 뜻이 서로 같음	
	冬至 : 이십사절기의 하나로 밤이 가장 긴 날	

⬇️ 동음이의어 – 음은 같으나 뜻이 다른 漢字語

동향	東向 : 동쪽으로 향함	
	同鄕 : 고향이 같음	
	動向 : 개인이나 집단의 심리 · 행동이 움직이는 방향	
무기	武器 : 전쟁에 사용되는 기구	
	無期 : 언제까지라고 정한 기한이 없음	
미명	未明 : 날이 채 밝지 않음	
	美名 : 그럴듯하게 내세운 명목이나 명칭	
방문	房門 : 방으로 드나드는 문	
	訪問 : 어떤 사람이나 장소를 찾아가서 만나거나 봄	
방위	防衛 : 적의 공격이나 침략을 막아서 지킴	
	方位 : 동서남북의 네 방향을 기준으로 하여 정한 방향	
보도	步道 : 걸어 다니는 길	
	報道 : 새로운 소식을 알림	
보안	保眼 : 눈을 보호함	
	保安 : 안전을 유지함	
부자	父子 : 아버지와 아들	
	富者 : 재물이 많아 살림이 넉넉한 사람	
비행	飛行 : 날아다님	
	非行 : 잘못되거나 그릇된 행위	
사고	思考 : 생각하고 궁리함	
	事故 : 뜻밖에 일어난 불행한 일	
사례	事例 : 어떤 일이 실제로 일어난 예	
	謝禮 : 언행이나 선물 따위로 상대에게 고마운 뜻을 나타냄	
사원	社員 : 회사에서 근무하는 사람	
	寺院 : 종교의 교당을 통틀어 이르는 말	

↘ **동음이의어 – 음은 같으나 뜻이 다른 漢字語**

사절	謝絶 : 요구나 제의를 받아들이지 않고 사양하여 물리침
	使節 : 나라를 대표하여 일정한 사명을 띠고 외국에 파견되는 사람
상용	常用 : 일상적으로 씀
	商用 : 상업상의 볼일
선도	善導 : 올바르고 좋은 길로 이끎
	先導 : 앞장서서 이끌거나 안내함
성대	盛大 : 아주 성하고 큼
	聲帶 : 소리를 내는 기관
성인	成人 : 어른
	聖人 : 지혜와 덕이 매우 뛰어나 길이 우러러 본받을 만한 사람
성행	性行 : 성품과 행실
	盛行 : 매우 성하게 유행함
소재	所在 : 있는 곳
	素材 : 바탕이 되는 재료
속행	速行 : 빨리 행함
	續行 : 계속하여 행함
수도	修道 : 도를 닦음
	首都 : 한 나라의 중앙 정부가 있는 도시
수리	數理 : 수학의 이론이나 이치
	修理 : 고장 나거나 허름한 데를 손보아 고침
수상	水上 : 물의 위
	受賞 : 상을 받음
	首相 : 내각의 우두머리
수신	受信 : 소식을 받음
	修身 : 마음과 행실을 바르게 닦아 수양함

↘ 동음이의어 – 음은 같으나 뜻이 다른 漢字語

수업	修業	: 기술이나 학업을 익히고 닦음
	授業	: 교사가 학생에게 지식이나 기능을 가르쳐 줌
수호	守護	: 지키고 보호함
	修好	: 나라와 나라가 서로 사이좋게 지냄
시가	市價	: 시장에서 상품이 매매되는 가격
	詩歌	: 가사를 포함한 시문학을 통틀어 이르는 말
시계	視界	: 눈이 보는 힘이 미치는 범위
	時計	: 시간을 재거나 시각을 나타내는 기계
시공	時空	: 시간과 공간
	施工	: 공사를 시행함
시인	是認	: 옳다고 인정함
	詩人	: 시를 전문적으로 짓는 사람
시정	詩情	: 시적인 정취
	是正	: 잘못된 것을 바로잡음
	市政	: 지방자치단체로서의 시의 행정
실정	失政	: 정치를 잘못함
	實情	: 실제의 사정이나 정세
양친	養親	: 길러 준 부모
	兩親	: 부친과 모친을 아울러 이르는 말
역설	力說	: 자기의 뜻을 힘주어 말함
	逆說	: 어떤 주의나 주장에 반대되는 이론이나 말
연대	年代	: 지나간 시간을 일정한 햇수로 나눈 것
	連帶	: 여럿이 함께 무슨 일을 하거나 함께 책임을 짐
육성	育成	: 길러 자라게 함
	肉聲	: 사람의 입에서 직접 나오는 소리

🔽 동음이의어 – 음은 같으나 뜻이 다른 漢字語

의사	意思	무엇을 하고자 하는 생각
	醫師	의술과 약으로 병을 치료·진찰하는 것을 직업으로 삼는 사람
이해	利害	이익과 손해
	理解	사리를 분별하여 해석함
인가	人家	사람이 사는 집
	認可	인정하여 허락함
인도	引導	이끌어 지도함
	人道	사람이 다니는 길
인정	認定	확실히 그렇다고 여김
	人情	사람이 본래 가지고 있는 감정이나 심정
재기	才氣	재주가 있는 기질
	再起	역량이나 능력 따위를 모아서 다시 일어섬
재수	再修	한 번 배웠던 학과 과정을 다시 배움
	財數	재물이 생기거나 좋은 일이 있을 운수
저속	低速	느린 속도
	低俗	품위가 낮고 속됨
전승	戰勝	싸워 이김
	全勝	한 번도 지지 아니하고 모두 이김
	傳承	문화, 풍속, 제도 따위를 이어받아 계승함
정당	正當	바르고 옳음
	政黨	정치적 이상을 실현하기 위하여 조직한 단체
정원	庭園	집 안에 있는 뜰이나 꽃밭
	定員	일정한 규정에 의하여 정한 인원
제지	製紙	종이를 만듦
	制止	말려서 못하게 함

📥 동음이의어 – 음은 같으나 뜻이 다른 漢字語

조화	調和 : 서로 잘 어울림	
	造化 : 만물을 창조하고 기르는 대자연의 이치	
	造花 : 인공적으로 만든 꽃	
중세	重稅 : 무거운 세금	
	中世 : 고대에 이어 근대에 선행하는 시기	
지사	志士 : 나라와 민족을 위하여 제 몸을 바쳐 일하려는 뜻을 가진 사람	
	支社 : 본사의 관할 아래 일정한 지역에서 본사의 일을 대신 맡아 하는 곳	
지성	至誠 : 지극한 정성	
	知性 : 생각하고 판단하는 능력	
진가	眞價 : 참된 값어치	
	眞假 : 진짜와 가짜	
통상	通常 : 특별하지 아니하고 예사임	
	通商 : 나라들 사이에 서로 물품을 사고팖	
통화	通話 : 전화로 말을 주고받음	
	通貨 : 유통 수단이나 지불 수단으로서 기능하는 화폐	
풍속	風速 : 바람의 빠르기	
	風俗 : 옛날부터 그 사회에 전해 오는 생활 전반에 걸친 습관	
해독	解毒 : 몸 안에 들어간 독성 물질의 작용을 없앰	
	解讀 : 어려운 문구 따위를 읽어 이해하거나 해석함	
호구	戶口 : 호적상 집의 수효와 식구 수	
	護具 : 몸을 보호하기 위하여 착용하는 기구	
회수	回收 : 도로 거두어들임	
	回數 : 돌아오는 차례의 수효	
흡수	吸水 : 물을 빨아들임	
	吸收 : 빨아서 거두어들임	

四字成語(사자성어 : 네 글자로 이루어진 말)

家家戶戶 (가가호호)	집집마다
角者無齒 (각자무치)	뿔이 있는 짐승은 이가 없다는 뜻으로, 한 사람이 여러 가지 재주나 복을 다 가질 수 없다는 말.
江湖煙波 (강호연파)	강이나 호수 위에 안개처럼 보얗게 이는 잔물결
見利思義 (견리사의)	눈앞의 이익을 보면 의리를 먼저 생각함
結草報恩 (결초보은)	풀을 묶어서 은혜를 갚는다는 뜻으로, 죽어 혼이 되더라도 은혜를 잊지 않고 갚음
九牛一毛 (구우일모)	아홉 마리의 소 가운데 하나의 털이란 뜻으로, 매우 많은 것 가운데 극히 적은 수를 이르는 말
起死回生 (기사회생)	거의 죽을 뻔하다가 도로 살아남
難攻不落 (난공불락)	공격하기가 어려워 쉽사리 함락되지 아니함
難兄難弟 (난형난제)	누구를 형이라 하고 누구를 아우라 하기 어렵다는 뜻으로, 두 사물이 비슷하여 낫고 못함을 정하기 어려움을 이르는 말
論功行賞 (논공행상)	공적의 크고 작음 따위를 논의하여 그에 알맞은 상을 줌
多多益善 (다다익선)	많으면 많을수록 더욱 좋음
多聞博識 (다문박식)	보고 들은 것이 많고 아는 것이 많음
大義名分 (대의명분)	사람으로서 마땅히 지키고 행하여야 할 도리나 본분
得意滿面 (득의만면)	일이 뜻대로 이루어져 기쁜 표정이 얼굴에 가득함
燈下不明 (등하불명)	등잔 밑이 어둡다는 뜻으로, 가까이에 있는 물건이나 사람을 잘 찾지 못함
燈火可親 (등화가친)	등불을 가까이할 만하다는 뜻으로, 서늘한 가을밤은 등불을 가까이 하여 글 읽기에 좋음을 이르는 말

🔻 四字成語(사자성어 : 네 글자로 이루어진 말)

無所不爲 (무소불위)	하지 못하는 일이 없음
文房四友 (문방사우)	종이, 붓, 먹, 벼루의 네 가지 문방구
美風良俗 (미풍양속)	아름답고 좋은 풍속이나 기풍
博學多識 (박학다식)	학식이 넓고 아는 것이 많음
百害無益 (백해무익)	해롭기만 하고 하나도 이로운 바가 없음
夫婦有別 (부부유별)	남편과 아내는 분별이 있어야 한다는 뜻으로, 남편과 아내 사이의 도리는 서로 침범하지 않음에 있음을 이르는 말
非一非再 (비일비재)	같은 일이 한두 번이 아님이란 뜻으로, 한둘이 아님
死生決斷 (사생결단)	죽고 사는 것을 가리지 않고 끝장을 내려고 덤벼듦
四通五達 (사통오달)	길이 사방팔방으로 통해 있음
說往說來 (설왕설래)	서로 변론을 주고받으며 옥신각신함
歲時風俗 (세시풍속)	예로부터 해마다 관례로서 행해지는 전승적 행사
是是非非 (시시비비)	옳은 것은 옳다, 그른 것은 그르다고 한다는 뜻으로, 사리를 공정하게 판단함을 이르는 말
始終如一 (시종여일)	처음부터 끝까지 변함없이 한결같음
信賞必罰 (신상필벌)	공이 있는 자에게는 반드시 상을 주고, 죄가 있는 자에게는 반드시 벌을 준다는 뜻으로, 상과 벌을 공정하고 엄중하게 하는 일을 이르는 말
實事求是 (실사구시)	사실에 토대를 두어 진리를 탐구하는 일
安貧樂道 (안빈낙도)	가난한 생활을 하면서도 편안한 마음으로 도를 즐겨 지킴

四字成語(사자성어 : 네 글자로 이루어진 말)

眼下無人 (안하무인)	눈 아래에 사람이 없다는 뜻으로, 방자하고 교만하여 다른 사람을 업신여김을 이르는 말
弱肉强食 (약육강식)	약한 자는 강한 자에게 먹힌다는 뜻으로, 약한 자는 강한 자에게 끝내는 멸망됨을 이르는 말
魚東肉西 (어동육서)	제사상을 차릴 때, 생선 반찬은 동쪽에 놓고 고기반찬은 서쪽에 놓는 일
言語道斷 (언어도단)	말할 길이 끊어졌다는 뜻으로, 어이가 없어서 말하려 해도 말할 수 없음을 이르는 말
連戰連勝 (연전연승)	싸울 때마다 계속하여 이김
右往左往 (우왕좌왕)	바른쪽으로 갔다 왼쪽으로 갔다하며 종잡지 못함
牛耳讀經 (우이독경)	쇠귀에 경 읽기라는 뜻으로, 아무리 가르치고 일러 주어도 알아듣지 못함
月態花容 (월태화용)	달 같은 태도와 꽃 같은 얼굴의 뜻으로, 미인을 말함
有備無患 (유비무환)	미리 준비가 되어 있으면 걱정할 것이 없음
以熱治熱 (이열치열)	열은 열로써 다스린다는 뜻으로, 힘에는 힘으로 또는 강한 것에는 강한 것으로 상대함을 이르는 말
二律背反 (이율배반)	두 가지 규율이 서로 반대된다는 뜻으로, 서로 모순되어 양립할 수 없는 두 개의 명제를 이르는 말
因果應報 (인과응보)	원인과 결과는 서로 물고 물린다는 뜻으로, 전생에 지은 선악에 따라 현재의 행과 불행이 있다는 말
人死留名 (인사유명)	사람은 죽어서 이름을 남긴다는 뜻으로, 사람의 삶이 헛되지 아니하면 그 이름이 길이 남음을 이르는 말
人生無常 (인생무상)	인생이 덧없음
一擧兩得 (일거양득)	한 가지 일을 하여 두 가지 이익을 얻음
一脈相通 (일맥상통)	사고방식, 상태, 성질 따위가 서로 통하거나 비슷해짐

↘️ **四字成語(사자성어 : 네 글자로 이루어진 말)**

一石二鳥 (일석이조)	돌 한 개를 던져 새 두 마리를 잡는다는 뜻으로, 동시에 두 가지 이득을 봄
一言半句 (일언반구)	한 마디 말과 반 구절이라는 뜻으로, 아주 짧은 말을 이르는 말
一波萬波 (일파만파)	하나의 물결이 연쇄적으로 많은 물결을 일으킨다는 뜻으로, 한 사건이 그 사건에 그치지 아니하고 잇따라 많은 사건으로 번짐을 이르는 말
自強不息 (자강불식)	스스로 힘써 몸과 마음을 가다듬어 쉬지 아니함
自業自得 (자업자득)	자기가 저지른 일의 결과를 자기가 받음
自畫自讚 (자화자찬)	자기가 그린 그림을 스스로 칭찬한다는 뜻으로, 자기가 한 일을 스스로 자랑함을 이르는 말
前代未聞 (전대미문)	이제까지 들어본 적이 없는 일
種豆得豆 (종두득두)	콩을 심으면 반드시 콩이 나온다는 뜻으로, 원인에 따라 결과가 생김을 이르는 말
竹馬故友 (죽마고우)	대말을 타고 놀던 벗이라는 뜻으로, 어릴 때부터 같이 놀며 자란 벗
衆口難防 (중구난방)	여러 사람의 입을 막기가 어렵다는 뜻으로, 많은 사람들이 함부로 떠들어대는 것은 감당하기 어려우니 행동을 조심해야 함을 이르는 말
至誠感天 (지성감천)	지극한 정성에 하늘도 감동한다는 뜻으로, 무슨 일에든 정성을 다하면 아주 어려운 일도 순조롭게 풀리어 좋은 결과를 맺는다는 말
進退兩難 (진퇴양난)	나아갈 수도 물러설 수도 없다는 뜻으로, 이러지도 저러지도 못하는 어려운 처지를 이르는 말
天人共怒 (천인공노)	하늘과 사람이 함께 노한다는 뜻으로, 누구나 분노할 만큼 증오스럽거나 도저히 용납할 수 없음을 이르는 말
寸鐵殺人 (촌철살인)	한 치의 쇠붙이로도 사람을 죽일 수 있다는 뜻으로, 간단한 말로도 남을 감동시키거나 남의 약점을 찌를 수 있음을 이르는 말
出將入相 (출장입상)	나가서는 장수가 되고 들어와서는 재상이 된다는 뜻으로, 문무를 다 갖추어 장수와 재상의 벼슬을 모두 지냄을 이르는 말
忠言逆耳 (충언역이)	바른 말은 귀에 거슬린다는 뜻으로, 바르게 타이르는 말일수록 듣기 싫어함을 이르는 말

四字成語(사자성어 : 네 글자로 이루어진 말)

卓上空論 (탁상공론)	탁자 위에서만 펼치는 헛된 논설이란 뜻으로, 실현성이 없는 허황된 이론
風前燈火 (풍전등화)	바람 앞의 등불이라는 뜻으로, 사물이 매우 위태로운 처지에 놓여 있음
呼兄呼弟 (호형호제)	서로 형이니 아우니 하고 부른다는 뜻으로, 매우 가까운 친구로 지냄을 이르는 말

略字(약자 : 간략하게 줄여서 쓰는 글자)

기본자		약자	기본자		약자
假	⇒	仮	狀	⇒	状
檢	⇒	検	聲	⇒	声
缺	⇒	欠	續	⇒	続
經	⇒	経	收	⇒	収
權	⇒	权	壓	⇒	圧
斷	⇒	断	餘	⇒	余
單	⇒	単	榮	⇒	栄
擔	⇒	担	藝	⇒	芸
黨	⇒	党	員	⇒	貟
燈	⇒	灯	爲	⇒	為
兩	⇒	両	陰	⇒	陰
麗	⇒	麗	應	⇒	応
滿	⇒	満	益	⇒	益
脈	⇒	脉	壯	⇒	壮
邊	⇒	辺	將	⇒	将
寶	⇒	宝	濟	⇒	済
佛	⇒	仏	增	⇒	増
師	⇒	师	眞	⇒	真

略字(약자 : 간략하게 줄여서 쓰는 글자)

기본자		약자
處	⇒	処
總	⇒	総
蟲	⇒	虫
解	⇒	觧

기본자		약자
虛	⇒	虚
驗	⇒	験
賢	⇒	賢

중앙에듀북스
중앙경제평론사

Joongang Edubooks Publishing Co./Joongang Economy Publishing Co.

중앙에듀북스는 폭넓은 지식교양을 함양하고 미래를 선도한다는 신념 아래 설립된 교육·학습서 전문 출판사로서 우리나라와 세계를 이끌고 갈 청소년들에게 꿈과 희망을 주는 책을 발간하고 있습니다.

풀어서 배우는 술술한자 (한자능력검정시험 4급Ⅱ)

초판 1쇄 인쇄 | 2010년 6월 25일
초판 1쇄 발행 | 2010년 6월 29일

지은이 | 박두수(Dusu Park)
펴낸이 | 최점옥(Jeomog Choi)
펴낸곳 | 중앙에듀북스(Joongang Edubooks Publishing Co.)

대   표 | 김용주
책 임 편 집 | 최진호
본문디자인 | 신경선

출력 | 국제피알 종이 | 한솔PNS   인쇄·제본 | 태성문화사

잘못된 책은 바꾸어 드립니다.
가격은 표지 뒷면에 있습니다.

ISBN 978-89-94465-01-2(14700)
ISBN 978-89-961701-6-7(세트)

등록 | 2008년 10월 2일 제2-4993호
주소 | ㉾ 100-789 서울시 중구 왕십리길 160(신당5동 171) 도로교통공단 신관 4층
전화 | (02)2253-4463(代) 팩스 | (02)2253-7988
홈페이지 | www.japub.co.kr 이메일 | japub@naver.com | japub21@empal.com
♣ 중앙에듀북스는 중앙경제평론사·중앙생활사와 자매회사입니다.

▶ 홈페이지에서 구입하시면 많은 혜택이 있습니다.

중앙 북샵 **www.japub.co.kr** 전화주문 :02) 2253 - 4463